가까이서 본 이현희 목사는 사람을 살리고 교회를 세우는 분이다. 따뜻한 가슴과 눈, 그리고 그 따뜻한 외모만큼이나 따뜻한 언어가 그의 트레이드마크다. 그런 마음과 시선으로 한국 교회를 품어왔던 이현희 목사가 이번에는 집사를 향한 책을 내놨다. 한국 교회에 어느 직분보다 흔하고, 신앙생활을 하다 보면 누구나 한 번은 거쳐야 하는 직분인 집사를 향해서 말이다. 집사는 사도의 직분을 잇는 것이고, 가난한 사람들을 구제하기 위한 것이라고 그는 콕 찍어 말한다. 이것만큼 집사의 직분을 명쾌하게 말해주는 게 또 있을까 싶다. 이 책『바른 집사』를 단연코 이 세상 모든 집사들의 필독서로 강력하게 추천한다.

_이한석 목사, 전 대한예수교장로회 고신 총회장

나 역시 오랫동안 집사로 신앙생활을 해왔지만, 사실 집사가 뭔지도 모르고 그저 열심히 섬기면 되는 줄 알고 지내온 것 같다. 그러다 보니 장로가 된 지금은 그저 장로나 권사로 가는 하나의 코스 정도로 생각하는 경향도 없지 않다. 그야말로 집사에 대한 무지요 오해다. 이 책『바른 집사』의 저자 이현희 목사님은 집사야말로 초대교회의 본질적 사역을 잇고 있는 직분이라고 말한다. 그 말은 집사가 본질을 놓치지 않고 바로 서면 교회가 건강하게 바로 설 수 있다는 말이리라. 나는 그 말을 장로인 나한테 그대로 적용하려 한다.

_박재한 장로, 부산홀리클럽 회장

적어도 제가 아는 한 집사에 관한 책도 드물지만 이토록 실천 가능한 내용으로 가득 찬 책은 찾기 어려울 것입니다. 집사의 직분은 곧 하나님의 사역을 맡는 것이라는 이현희 목사님의 집사관은 모든 직분자가 깊이 새겨야 할 것입니다. 다양한 실제 사례가 이현희 목사님의 특유한 문체로 잘 정리하여 아주 재미있고 술술 읽히는 기쁨이 있습니다. 그러면서도 감동과 은혜가 넘칩니다. 이 책을 그냥 집사가 아니라 바른 집사가 되기를 원하는 모든 분에게 강력히 추천합니다.

_노병천 리더십학 박사, 전 나사렛대학교 부총장

저자 스스로 집사였던 과거의 경험을 토대로 지금의 세대와 다음 세대에 소중한 믿음의 흔적을 남겼다. 이 책의 서문을 읽자마자 긴장감이 들면서 다음 내용들이 금방 읽혔다. 그리고 찾아오는 깨달음은 나만이 갖는 특권은 아닐 것이라는 생각이었다. 그만큼 글의 내용이 좋다. 일반적인 예상을 뛰어넘는 묵직한 주제였고, 반드시 알아야 할 '제자도'와도 연관이 있었기 때문이다.

몇 해 전 미국에서 필립 얀시와 하루 동안 여러 주제를 두고 대화를 했는데, 그가 가장 많이 했던 말이 '평판(reputation)'이었다. 미국과 한국 교회는 세상 사람들이 교회와 크리스천을 어떻게 평가하는지 귀를 기울여야 한다는 맥락이었는데, 결국은 삶을 말한 것이었다. 이제 곧 집사 직분을 받는 분들과 이미 집사로서 교회를 섬기고 있는 분들에게 꼭 필요한 책이지만 목회자와 교회의 장로 모두가 읽으면 신앙생활에 큰 도움이 될 것 같다. 삶의 변화를 추구할 도전을 줄 것이라고 생각한다.

"신앙을 잃어버리면 배교를 하지만, 사명을 잊어버리면 타락을 한다"는 말이 있다. 집사로서의 사명을 잊지 않고 살아가는 성도들이 많으면 많을수록 세상이 바라보는 교회의 평판은 달라질 것이다. 그런 면에서 이 책『바른 집사』는 집사의 직분이 얼마나 중요한가를 넘어 믿는 자의 기본을 알려주고 있다. 어떤 교회가 건강한 교회일까? 초대교회의 예로도 알 수 있듯이 결국은 '바른 집사'가 그 답을 알려주고 있다.

_김상철 목사 겸 감독, 「제자, 옥한흠」,「부활」 감독

바른
집사

바른 집사

발행일 2020년 3월 20일 초판 1쇄

지은이 이현희
발행인 고영래
발행처 미래사CROSS

주소 서울시 마포구 신수로 60, 2층
전화 (02)773-5680
팩스 (02)773-5685
이메일 miraebooks@daum.net
등록 1995년 6월17일(제2016-000084호)

ISBN 978-89-7087-127-1 13230

＊ 가격은 뒤표지에 있습니다.
＊ 잘못 만들어진 책은 구입처에서 바꾸어 드립니다.

바른 집사

이혜희 지음

미래사CROSS

초대 교회도, 하나님도
'집사'를 결코 가벼이 보지 않는다

집사는 목사, 장로, 권사와 함께 교회를 구성하는 직분의 하나다. 흔히 집사를 이 직분들 가운데 가장 낮은 서열로 착각하기 쉬운데, 실은 그렇지 않다. 한국 교회에서 가장 높은 비율을 차지하는 장로교 헌법에는 집사의 직무를 "집사는 당회의 지도 아래 빈곤한 자를 돌보며 교회의 서무와 회계와 구제에 관한 사무를 담당한다"고 규정하고 있다.

여기서 주목해야 할 것이 '빈곤한 자를 돌보며'라는 대목이다. 이는 성경의 전통과 연결되어 있기 때문이다. 사도행전 6장 3~4절에는 일곱 집사를 택하는 장면이 나온다.

"형제들아 너희 가운데서 성령과 지혜가 충만하여 칭찬 받는 사람 일곱을 택하라 우리가 이 일을 그들에게 맡기고, 우리는 오로지 기도하는 일과 말씀 사역에 힘쓰리라"

여기서 '이 일'은 과부들에 대한 구제를 말한다. 사도들은 기도와 말씀에 전념하기 위해 원래 자신들이 하던 '이 일'을 맡길 '믿음과 성령이 충만한 사람' 일곱 명을 택해 안수했다. 그러니까 집사의 직무는 원래 사도의 직무였던 것이다.

그렇게 해서 초대 교회에서는 스데반과 같은 위대한 집사들이 교회를 든든히 세워갔다. 돌에 맞아 죽으면서까지 복음을 전하고 자신을 죽이는 자들을 위해 기도하는 스데반의 모습에서 바울은 적잖이 충격을 받았을 것이다. 바울의 직접적인 회심은 다메섹 도상에서의 신비한 체험이었지만, 그전에 경험한 스데반의 죽음과 기도는 간접적인 계기가 되었을 것이다.

스데반 외에도 전도자 빌립, 브로고로, 니가노르, 디몬, 바메나와 안디옥 사람 니골라는 성경에 다 기록되진 못했지만 초대 교회를 초대 교회가 되게 하는 데 기둥과 밑거름이 되었다.

집사란 무엇인가? 초대 교회의 일곱 집사를 보면 된다. 교회란 무엇인가? 초대 교회를 보면 된다. 초대 교회의 예수 중심, 공동체성, 힘 있는 기도와 복음 전파는 2000년이 지난 지금도 모든 교회가 따라야 할 모범이다. 스데반 집사의 순교적 자세는 2000년이 지난 지금 다시 읽고 들어도 모든 신앙인에게 깊은 울림을 준다.

교회의 사역에는 여러 가지가 있는데, 그중에서도 가난한 이들을 돕는 구제 사역은 초대 교회에서 중요한 부분을 차지했다. 우리 시대의 교회 안팎에도 가난한 이들이 수없이 많다. 교회는 언제나 그들에게 관심을 가지고 필요를 채워주어야 할 책임이 있다. 하나님이 그들에게 특별한 관심을 가지고 계시기 때문이다(시편 68:5).

따라서 '빈곤한 자를 돌보는' 집사의 직분은 곧 하나님의 사역을 맡는 것이다. 어쩌면 한국 교회의 진정한 회복은 집사의 회복일지도 모른다. 집사 한 분 한 분이 집사 직분의 본질을 알고 교회를 섬길 때 권사나 장로를 비롯해 온 성도에게 충격과 울림이 될 것이며, 이는 교회의 본질적인 변화를 가져올 수밖에 없기 때문이다.

그런 마음으로 이 책을 한국 교회에 내놓는다. 나 역시 젊은 날 집사를 거쳐 장로가 되었고, 지금은 목사가 되었다. 걸어온 길을 되돌아보면 집사일 때 가장 순수한 믿음과 열정으로 불탔던 것 같다. 집사로서의 그 순전한 섬김이 지금 이 나이에도 가나안농군학교를 개척하고 섬길 수 있는 밑거름이 되었다.

선배 집사로서 다시 한번 잔소리를 하고 싶다. 집사를 그저 장로나 권사로 올라가는 디딤돌 정도로 생각한다면 그것은 스스로에게 손해다. 교회에서 헌신적으로 섬기면서도 마음속으로는 늘 장로, 권사를 생각할 것이기 때문이다.

초대 교회도 집사를 그렇게 가벼이 보지 않았고, 하나님도 그러셨다. 하나님은 2000년 전에도 그러셨지만 지금도 집사에게 가난한 자들, 교회를 맡기고 계신다.

2020년 2월 10일

이현희

바른 집사

사람이 마땅히 우리를 그리스도의 일꾼이요

하나님의 비밀을 맡은 자로 여길지어다

그리고 맡은 자들에게 구할 것은 충성이니라

고린도전서 4:1-2

Chapter 03　집사에게 들려주고 싶은 이야기

집사란
무엇인가?

집사란
무엇인가

장로교 헌법에는 집사의 직무에 대한 규정이 "집사는 당회의 지도 아래 빈곤한 자를 돌보며 교회의 서무와 회계와 구제에 관한 사무를 담당한다"고 나와 있다. 집사 직분은 장로 직분과 마찬가지로 하나님의 말씀에 근거해서 세워진 교회 직분이다. 인간적인 필요에 따라 생겨난 직분이 아니라 교회 안의 가난한 자를 돌보기 위해서 하나님이 세우신 직분이다. 그래서 복이 있다.

집사와 제직회의 역할

"가난한 자를 보살피는 자에게 복이 있음이여 재앙의 날에 여호와께서 그를 건지시리로다"(시편 41:1) 집사는 말 그대로 집안을 돌보는 사람이다. 하나님의 가족인 교회 성도들의 생활 형편을 잘 살펴야 한다. 또한 교회라는 공동체의 살림살이도 잘 살펴야 한다. 교회 재정과 교인 구제를 감당하는 것이 집사에게 주어진 주요 사명이다.

한국 교회에서 집사회라는 명칭이 지니는 의미는 집사로서의 사역을 위해 고민하는 모임이 아니라 집사들 간의 친목 도모를 위한 모임 정도로 인식되는 경향이 있다. 대부분의 집사들은 집사로서의 사역과 관련된 문제를 의논하고 결정하는 중심 기관이 제직회라고 생각하고 있는 듯하다.

하지만 정확히 말해서 제직회는 집사들의 모임이 아니라 교회의 직분자들이 모두 참여하는 기관이다. 목사, 장로, 집사, 권사 등 교회가 세운 직분자들이 제직회의 구성원이다. 따라서 제직회는 오히려 집사회에서 논의하고 결정해서 집행한 것들을 보고받고 확인하는 기관이라고 보는 것이 합당할 것이다.

집사 직분의 기원

예수께서 죽으시고 부활하셔서 승천하신 뒤 제자들은 예루살렘에서 복음을 증거하기 시작했다. 사도들의 설교를 듣고 믿는 자들이 수천 명씩 늘었다. 예루살렘 교회에 부흥의 불길이 타오른 것이다. "날마다 마음을 같이하여 성전에 모이기를 힘쓰고 집에서 떡을 떼며 기쁨과 순전한 마음으로 음식을 먹고 하나님을 찬미하며 또 온 백성에게 칭송을 받으니 주께서 구원 받는 사람을 날마다 더하게 하시니라"(사도행전 2:46~47).

양적인 부흥만 일어난 것이 아니었다. 사도들이 큰 권능으로 주 예수의 부활을 증언하니 무리가 큰 은혜를 받아서 그들의 삶의 방식에도 변화가 일어났다. 즉, 믿는 사람이 다 함께 있어 모든 물건을 서로 통용하고, 재산과 소유를 팔아 각 사람의 필요를 따라 나눠주었다.

예수께 영생의 길을 물었던 부자 청년은 "네가 가진 것을 팔아 가난한 자에게 주고 너는 나를 쫓으라"는 예수님의 말씀 한마디에 근심하며 돌아갔다. 그를 근심하게 한 것은 바로 재물이었다. 어려서부터 모든 계명을 다 지켰다고 자신 있게 고백했던 청년조차 하지 못했던 일이 초대 교회에서 이루어졌던 것이다. "가난 구제는 나라도 못한다"는 속담이 있다. 그런데 예루살렘 교회는 가난을 구했다. "그 중에 가난한 사람이 없으니 이는 밭과 집 있는 자는 팔아 그 판 것의 값을 가져다가 사도들의 발 앞에 두매 그들이 각 사람의 필요를 따라 나누어 줌이라"(사도행전 4:34~35).

이렇게 놀라운 은혜가 넘치던 예루살렘 교회에 문제가 생겼다. 제자가 더욱더 많아지면서 헬라파 유대인이 히브리파 사람을 원망하는 일이 벌어진 것이다. 당시 교회에는 헬라어를 주로 사용하는 헬라파(이주 교포) 유대인과 유대 땅에 살면서 아람어를 주로 사용하는 히브리파(토박이) 유대인이 있었다. 그런데 헬라파 유대인 과부들이 종종 구제에서 누락되는 일이 발생했다.

그러자 사도들이 이 문제를 해결하기 위해 나섰다. 자신들은 오직 기도하는 일과 말씀 사역에만 힘쓰고 따로 구제하는 일을 전담할 동역자를 세우기로 한 것이다. 교회 안에서 성령과 지혜가 충만하여 칭찬받는 사람 가운데 일곱을 택해 안수한 뒤 구제하는 일을 전담하도록 했다.

누군가가 구제 사역에서 빠지는 사건은 비단 초대 교회만의 문제는 아닐 것이다. 과연 2천 년 기독교 역사에서 교회 안에 헬라파 과부들 같은 이가 없었던 때가 있겠는가? "가난한 자들은 항상 너희와 함께 있거니와"(요한복음 12:8) 교회 안에는 언제나 가난한 자가 외면받는 일들이 있었고, 교회는 집사 제도를 통해 이런 문제를 해결해왔다.

집사의 본질

집사는 헬라어로 '디아코노스'라고 한다. 이 말은 '디아코네오(봉사하다)'라는 말에서 유래했다. 그 명사형이 '디아코니아(봉사)'이다. 집사(디아코노스)는 본래 식탁에서 수종 드는 사람을 의미하는 말이었다. "도리어 그더러 내 먹을 것을 준비하고 띠를 띠고 내가 먹고 마시는 동안에 수종 들고 너는 그 후에 먹고 마시라 하지 않겠느냐"(누가복음 17:8).

식탁에서 섬긴다는 말에서부터 유래했지만, 성경에서는 누군가의 필요를 채워주고 섬기며 봉사한다는 의미로 많이 쓰였다. "너희 중에 누구든지 크고자 하는 자는 너희를 섬기는 자(디아코노스)가 되고"(마태복음 20:26).

『구약성경』은 사회적 약자들, 즉 가난한 자, 고아와 과부, 이방 거류민 등을 보살피고 섬겨야 한다고 이스라엘 백성에게 엄중하게 요구한다. 애굽의 종살이에서 벗어나 가나안 땅으로 가는 동안 하나님은 만나를 내려 주심으로써 이스라엘 백성을 보살피고 섬겼다.

가나안 땅으로 들어가 하나님이 주신 땅에서 살며 거기서 나는 생산물을 먹을 수 있게 된 이스라엘 백성에게 하나님이 주신 명령이 무엇이었을까? 하나님이 이스라엘을 섬겼듯 이제 가난한 자를 섬기라는 것이었다. "너희 중에 분깃이나 기업이 없는 레위인과 네 성중에 거류하는 객과 및 고아와 과부들이 와서 먹고 배부르게 하라 그리하면 네 하나님 여호와께서 네 손으로 하는 범사에 네게 복을 주시리라"(신명기 14:29, 개정).

구약의 이스라엘 공동체는 가난하고 힘든 자를 섬기는 곳이다. 신약의 교회 역시 힘든 일을 겪는 사람, 억울한 일을 당하는 사람을 돌보아야한다. 가난하고 약한 자를 위해 봉사하고 섬기는 것은 교회 공동체의 본질에 속한다. "이제 너희의 넉넉한 것으로 그들의 부족한 것을 보충함은 후에 그들의 넉넉한 것으로 너희의 부족한 것을 보충하여 균등하게 하려함이라 기록된 것 같이 많이 거둔 자도 남지 아니하였고 적게 거둔 자도 모자라지 아니하였느니라"(고린도후서 8:14~15).

초대 교회가 과부들에게 베푼 구제는 광야에서 이스라엘을 먹이신 하나님의 손길을 재현해 하나님의 나라를 회복하기 위한 것이었다. 구약 이스라엘 공동체와 신약 교회 공동체를 통해서 성취되어가는 하나님의 나라에는 집사라는 헌신자가 반드시 있어야만 한다.

바른 집사

집사는 교회의
살림꾼이다

교회가 커지면 달라지는 게 많다. 그 중에서도 가장 두드러진 것은 교인의 수가 늘어난다는 것이다. 교인이 증가하면 헌금의 양도 늘어난다. 교인 수의 증가와 함께 교회 재정이 풍족해지는 것이다. 교인들이 드리는 헌금의 양이 많아짐에 따라 교회에는 쓰고도 남을 만큼 재정적 여유가 생기기도 한다.

교회 재산

돈의 용도는 뭘까? 쓰는 것이다. 재물의 용도는 쓰는 것이지 소유하는 것이 아니다. 하지만 많은 사람이 재물을 소유 용도로 생각하며 살다 간다. 재물에 대한 관심도 주로 얼마나 벌었느냐, 누가 더 많이 소유하고 있느냐에 집중된다.

재물이 늘어나면 행복해하고 반대로 재물이 줄어들면 우울해한다. 여전히 자신의 수중에는 평생 쓰고도 남을 재물이 남아 있는데도 말이다. 수중에 있는 재물을 어떻게 쓰느냐 하는 문제는 안중에 없다. 오직 재물을 어떻게 더 늘릴 것이냐에만 매달린다. 그렇기 때문에 인간은 부자가 되더라도 결코 행복해질 수 없다. 어쨌든 재물을 더 늘려야만 한다는 조바심에 마음이 지배당하기 때문에 평생을 돈에 대한 굶주림에 시달리다가 간다.

재물의 주인은 소유한 자가 아니라 그 재물을 쓰는 자다. 재물을 평생 소유한다고 해서 재물의 주인이 되는 것은 아니라는 말이다. 자기 것이라고 생각하며 쳐다만 보다가 죽을 수도 있다. 아니, 많은 인생이 그렇게 살다가 간다. 애써 모아 장부책에 소유해놓고는 다 써보지도 못한 채 그냥 자기 것이라고 믿다가 남겨두고 간다. 그렇게 남겨진 재물로 누군가가 잘 먹고 잘 나누어주면 그 사람이 바로 주인이다.

죽기 전에 평생 모은 재산을 기부하는 사람들이 있다. "평생 모은 걸 왜? 바보 아냐?" 하고 의아해할 일이 아니다. 그렇게 써야 그 재물이 진짜 자기 것이 되기 때문이다. 죽을 때까지도 쓰지 못하고 안달만 하다가 가는 사람이야말로 정말 바보다. 하나님이 제대로 잘 쓰라고 맡겨주셨건만 금고에 고이 처박아놓고, 부동산에 쟁여놓고, 장부책만 헤아리다가 하나님께 가는 것이다. 하나님은 재물을 쓰시는 분이지 소유하시는 분이 아니다.

교회당 쥐가 굶어죽는다는 말이 있다. 교회에 먹을 게 들어오면 곧장 필요한 사람들에게 나누어주기 때문에 교회 창고에 남아 있는 곡식이 없다는 뜻이다. 교회에 재물이 쌓이면 하나님이 아니라 재물을 섬기게 된다. 교회가 재산을 늘리고 지키기 위해 애쓰는 동안 하나님은 교회에서 밀려나신다. 대형 교회가 시험에 들고 위험해지는 일이 잦은 것은 재물이 부족해서가 아니라 교회에 쌓이는 재물이 너무 많기 때문이다. 교회에는 돈이 쌓이지 않아야 한다. 집사는 교회 재산을 늘리는 사람이 아니라 필요한 곳에 잘 쓰는 사람이어야 한다.

왜곡되는 선의

교회가 지역사회를 위해 문을 개방하고 편의를 제공하면 불편한 일이 생긴다. 화장실을 개방하니 휴지나 수건을 가져가고 지저분하게 사용하기도 한다. 또 더운 물이 안 나온다고 타박하는 일도 있다. 선의가 인정받지 못하는 것이다. 그러다 보면 교인들 사이에서 불평이 생기고, 관리하는 집사들은 개방을 포기하는 쪽으로 의견을 모으기가 쉽다. 굳이 돈 들이고 시간 들이고 노력 들여가며 욕먹을 이유가 있느냐는 것이다.

사막에서 걸어가던 사람이 낙타를 좀 태워달라고 간청했다. 독실한 신자인 낙타 주인은 기꺼이 태워주었다. 그런데 고맙다며 올라탄 그가 갑자기 낙타 주인을 밀어내더니 낙타를 빼앗아 타고 달아나는 게 아닌가? 다행히 얼마 못 가서 중심을 잃고 넘어지는 바람에 낙타 주인은 달려가서 그를 붙잡을 수 있었다. 역시 하나님은 함께 하신다.

낙타 주인은 선을 악으로 갚은 그에게 몹시 화가 났지만 오른뺨을 때리면 왼뺨도 돌려 대라는 성경 말씀을 떠올렸다. 잠시 마음을 가다듬은 낙타 주인이 그 사람을 위로하며 당부했다.

"얼마나 처지가 어려우면 그랬겠는가. 내게 돈이 좀 있으니 이것을 받으시오."

순간 묘한 표정으로 바라보던 그가 낙타 주인을 제압하더니 돈주머니를 빼앗았다. 그는 낙타에 올라타 조롱하듯 한마디 내뱉고 사라져버렸다.

"멍청하기는!"

낙타 주인은 성경이 가르친 대로 행동했다. 그런데 돌아온 대가는 경제적 손실과 인격적 수모였다. 도대체 무슨 일이 벌어진 것일까? 세상에, 성경 말씀대로 순종했더니 되는 일이 없다! 사실 세상살이가 그리 만만한 게 아니다. 세상에는 별의별 인간이 다 있고, 성경 말씀대로 살기에는 이 세상이 너무 악하다. 그래서 악하게 대처해야 하는 것일까?

어찌 보면 성경 말씀대로 행하는 것은 수지 타산이 안 맞는 일이다. 하지만 그리스도인은 이것을 분명히 명심해야 한다. 그리스도인이 세상을 바라보는 관점은 '손해 안 보고 세상을 사는 법'이 아니라 '하나님의 자녀로서 세상을 사는 법'이라는 사실이다.

"너희는 세상의 빛이라 … 이같이 너희 빛이 사람 앞에 비치게 하여 그들로 너희 착한 행실을 보고 하늘에 계신 너희 아버지께 영광을 돌리게 하라"(마태복음 5:16) 집사는 교회가 세상을 향해 착한 행실을 보이게 해야 한다. 설령 그렇게 해서 손해를 보는 상황이 닥쳐도 이를 지켜야 한다. 그게 집사를 세우신 하나님의 뜻이 아니겠는가. "악에게 지지 말고 선으로 악을 이기라"(로마서 12:21).

교회의 영광

그리스도인은 무엇을 소망하는가?

진정한 하나님의 자녀로 살 수 있기를, 이 세상의 빛과 소금이 되기를, 더욱 영적으로 성숙하고 하나님의 나라를 이룩하는 데 헌신할 수 있기를……. 대단히 훌륭하고 의미 있는 내용을 입으로 소망한다. 그러나 가슴속의 욕망은 여전히 세상에서 잘나가는 사람, 높임을 받는 사람, 남들보다 더 누리고 싶은 쪽에 가 있는 게 아닐까? 그래서 혹시라도 "네 가진 것들을 내려놓고 너는 나를 쫓으라"는 예수님의 말씀이 떨어질까 봐 마음을 졸이고 있는지도 모른다.

"무릇 자기를 높이는 자는 낮아지고 자기를 낮추는 자는 높아지리라"(누가복음 14:11) 교회는 무엇을 소망하는가? 교회 역시 세상으로부터 높아지기를 원한다. 세상에서 인정받고 섬김받기를 기대한다. 그래서 보란 듯 교회 건물을 크게 짓고, 값비싼 내장재로 꾸미고, 유명 인사들이 교인으로 등록하기를 바란다. 목회자들 역시 안락하고 좋은 차와 사회적으로

꿀리지 않는 사례를 기대한다.

인간에게는 늘 비교의 충동이 도사리고 있다. 내 것이 네 것보다 더 크고 더 좋아야만 한다. 철학자 키르케고르(Søren Kierkegaard)는 인간의 죄악이 비교에서 비롯된다고 했다. 비교의 출발점은 내 것을 구분하는 것이다. 내 것을 손해 볼 수 없다는 감정이 강해짐에 따라 비교에 대한 집착도 늘어난다. 남과 비교할수록 하나님은 멀어진다. 남보다 더 많이, 더 높이, 더 귀하게 인정받아야 하므로 결코 나를 낮추고 남에게 주고자 하는 마음을 품을 수 없다.

"주는 것이 받는 것보다 복이 있다 하심을 기억하여야 할지니라"(사도행전 20:35) 교회는 남보다 이익을 챙기고 더 높아짐으로써 영광을 누리는 게 아니다. 오히려 손해 보며 양보하고 낮아짐으로써 영광을 누리게 된다. 집사는 교회가 낮아짐을 실천하게 하는 사람이다. 온 세상이 하나님의 것이니 아무리 양보한다 해도 교회는 결코 손해 볼 일이 없다.

집사는
신앙의 본이다

　　　　　　　　　　오순절 성령 강림으로 탄생한 예루
살렘 교회는 구제사역을 통해 가난한 자가 없는 이상적 모습을 갖추게
되었다. "그 중에 가난한 사람이 없으니 이는 밭과 집 있는 자는 팔아 그
판 것의 값을 가져다가 사도들의 발 앞에 두매 그들이 각 사람의 필요를
따라 나누어 줌이라"(사도행전 4:34~35).

　그런데 이런 이상적인 상황에 균열이 가는 사건이 발생한다.

성령에 이끌리는 자

　구브로에서 난 레위족 사람 요셉이 있었는데, 사도들은 그를 바나바
라고 불렀다. 이를 번역하면 '위로의 아들'이라는 뜻이다. 이렇게 불린
것은 아마도 그가 용기를 북돋아주고 위로하는 데 능했기 때문일 것이
다. 그런데 그가 자기 소유의 밭을 팔아서 그 돈을 사도들의 발 앞에 두

었다. 그러잖아도 교회에서 칭찬을 받던 바나바가 더 칭찬받을 일을 한 것이다.

아나니아와 삽비라는 바나바의 명성을 내심 부러워했던 것 같다. 그래서 자신들도 소유를 팔아 사도들의 발 앞에 두었다. 그런데 문제가 있었다. 땅값 중 일부를 슬쩍 감추어둔 것이다. 베드로가 이를 알고 질책한다.

"아나니아야, 어찌하여 사탄이 네 마음에 가득하여 네가 성령을 속이고 땅 값의 일부를 숨겼느냐? 너는 사람들에게 거짓말한 것이 아니라 하나님께 거짓말한 것이다."

아나니아의 행위는 교회 안에서 훌륭한 신앙인으로 인정받기 위한 것이었다. 인간의 마음을 감화시키는 성령의 이끄심이 아니라 교회 안에서 어떻게든 나를 높이고 싶다는 욕망에 이끌려 한 행동이었다. 그 내면의 동기가 어떻든 교회 구성원들에게 그럴듯하게 보이기만 하면 된다는 생각을 품었던 것이다.

집사는 교회로부터 인정받은 자이다. 교회 구성원들에게 신앙의 본이 될 만한 자질을 갖추고 있다는 의미다. 바나바는 교회에서 본이 될 만한 사람이었는데, 아나니아는 바나바와 같은 행동을 하고도 그러지 못했다. 그 차이가 뭘까? 바나바가 더 많은 재물을 바쳤기 때문에? 아나니아는 소유의 전부를 바친 게 아니었기 때문에?

바나바는 성령의 감동으로 한 것이고 아나니아는 욕망에 이끌려서 한 것이 그 차이다. 집사는 사람들이 보기에 교회 일을 능숙하게 해내는 사람이 아니라 성령이 인도하시는 대로 교회 일을 하는 사람이다. 교회 일을 할 때는 사람들의 마음에 들게 하는 데 초점을 맞추지 말고 성령의 법을 충실히 따르는가에 초점을 맞추어야 한다. 그게 집사의 본분이다.

봉사를 권면하는 자

집사의 책임은 회중을 돌보는 것이다. 예루살렘 교회의 교인 수가 늘어나면서 헬라파 과부들이 구제에서 빠지는 사고가 발생했다. 사도들은 과부들을 구제하는 일을 좀 더 잘하게 하려고 일곱 집사를 따로 세웠다. 그리고 사도들은 기도와 말씀 가르치는 일에만 전념하기로 했다.

곤경에 처해본 사람은 안다. 누군가가 자신이 처한 곤경을 알아주고 도움의 손길을 내밀어주는 것이 얼마나 감사한 일인지를. 그래서 가난한 사람들이 오히려 구제 성금에 더 관심을 보이게 되는 것이다.

누군가의 곤경을 돌볼 수 있는 마음을 갖추지 못하면 교회 공동체가 위기에 빠지게 된다. 그래서 교회 안의 어려운 사람을 찾아내서 구제하고 돌보는 것은 값지고 좋은 일이다. 교회를 건강하게 하는 길이다. 그런데 구제하고 돌보는 것은 사실 힘들고 고생스런 일이기도 하다. 대가 없이 시간과 노력을 바쳐야 하고, 때로는 선의로 내민 손길이 무시당하는 일도 겪기 때문이다. 그래서 다른 사람들보다 먼저 하겠다고 나서는 것이 덕스럽고 본이 된다.

아이나 어른이나 사람들이 사는 모습은 비슷하다. 누구나 다 해야 할 일에 대해서는 서로 눈치를 보며 나서지 않으려고 한다. 남이 먼저 해주기를 기다리는 것이다. 그래서 도움을 청할 때는 누군가를 지목해서 도와달라고 해야 한다는 지침이 있다. 교회도 마찬가지다. 누구나 다 해야 할 일이라면 굳이 내가 나서지 않아도 된다는 생각을 하기 쉽다. 너도나도 남이 먼저 해주기를 기대하는 것이다. 구제하고 돌보는 것은 교회 구성원 모두가 책임지고 해야 할 일이다. 그러다 보니 의도치 않게 교회 안에서 소홀히 취급되는 경우도 있다.

집사는 남들보다 먼저 봉사에 앞장서는 사람이다. 자신이 솔선해서 열심히 참여할 뿐만 아니라 다른 교회 구성원들이 봉사에 참여하도록 적극적으로 이끄는 사람이다. 사실 봉사하고 돌보는 일은 직분에 상관없이 누구나 해야 하는 일이다. 다만 집사는 앞장서서 본을 보임으로써 다른 사람들도 봉사하고 돌보는 일에 열심을 내도록 이끌기 위해 세워진 직분이다. 집사는 교인들이 함께 봉사를 나누어 감당해 나가도록 권면해야 한다. 교인들을 그 일에 적합하게 잘 준비시켜 봉사하게 함으로써 그리스도의 몸을 세워 나가야 한다.

악을 선으로 이기는 자

"너희를 박해하는 자를 축복하라 축복하고 저주하지 말라"(로마서 12:14)

내게 악을 행하고 괴롭히는 자를 축복하라니, 힘든 말씀이다. '저주하지 말라'까지는 어떻게 해보겠는데, '축복하라'에서는 흠칫하게 된다. 아무리 생각해도 넘기가 힘들다. 나를 향해 온갖 악한 짓을 하고 있는데 바보처럼 당하고만 있으란 말인가? 게다가 복을 빌어주라니……. 이는 하나님의 공의 차원에서도 용납할 수 없는 일이다.

여기서 문제는 '나를 향해서'라는 생각에 있다. 사람들은 남을 향하는 악에 대해서는 의외로 무감각하다. 인간의 악한 행위는 누구를 향한 것일까? 악을 행한다는 것은 하나님이 없다는 믿음의 표현이다. 누구를 향해서 하든 실제로 그 악한 행동은 하나님을 상대로 한 도발이다. 하나님이 옳고 그름의 기준이요 인생의 주권자이심을 인정하지 못하겠다는 것이다.

그렇다면 이에 어떻게 대응해야 할까? 악한 마음과 행동을 따라 하지 않는 것이다. 상대방에게 당한 고통을 어떻게든 되갚아주겠다는 것이 아니라 철저하게 하나님 편에 서겠다는 것이다. 하나님이 모든 것을 헤아리고 계시니 그분께 맡기고 오직 하나님 말씀에 따라 말하고 행동한다. 악이 아니라 하나님께 순종함으로써 원수를 갚는 것이다. "아무에게도 악을 악으로 갚지 말고 모든 사람 앞에서 선한 일을 도모하라"(로마서 12:17).

집사는 직분을 받은 자로서 직분을 주신 하나님 앞에서 개인적 판단과 계산을 멈추어야 한다. 직분자로 세우신 하나님이 행하심을 믿고 그분의 명령을 따르는 데 총력을 기울여야 한다. '과연 그렇게 할 수 있을까'라는 고민조차 멈추고 오직 하나님만 바라보라. 하나님은 직분을 맡기신 자에게 그 능력을 주신다. 그러면 할 수 있다. "내게 능력 주시는 자 안에서 내가 모든 것을 할 수 있느니라"(빌립보서 4:13).

04

집사는
사역자다

하나님의 부르심을 받은 이들이 교회다. 하나님의 부르심을 받았다는 것은 하나님이 품고 계신 어떤 목적을 위해 초대되었다는 의미다. 그렇기 때문에 부르심을 받은 자는 새로운 삶의 목적을 부여받게 된다. 이제까지 나를 움직이고 이끌어온 삶의 목표가 바뀌는 것이다. 내가 하고 싶은 대로가 아니라 부르신 자의 뜻에 따라 사는 인생이 된다. 하나님의 뜻에 따라 살도록 보내심을 받은 것이다.

사도(보내심을 받은 자)의 기능

집사 제도가 왜 만들어졌을까? 과부들의 구제를 전담하기 위해서다. 집사에게 맡겨진 과부들의 구제는 본래 사도들의 사역이었다. "그 중에 가난한 사람이 없으니"(사도행전 4:34) 어떻게 했기에 예루살렘 교회 안에서 가난한 사람들이 없어졌을까? 사도들이 구제 사역을 잘 감당했기 때문이다. 구제는 사도들이 감당했던 중요한 사역이었다.

이는 구약시대에도 마찬가지였다. "네 하나님 여호와 앞에 아뢰기를 내가 성물을 내 집에서 내어 레위인과 객과 고아와 과부에게 주기를 주께서 내게 명령하신 명령대로 하였사오니 내가 주의 명령을 범하지도 아니하였고 잊지도 아니하였나이다"(신명기 26:13).

그런데 사도들이 훌륭한 사역자이긴 했지만 예루살렘 교회에도 허점이 생겼다. 사람들이 늘어나면서 예상치 못한 문제가 발생한 것이다. 헬라파 과부들이 매일의 구제에서 빠지는 일이 벌어져 헬라파 사람들과 히브리파 사람들 사이에 갈등이 일었다. 이 문제를 해결하기 위해 사도들이 나섰다.

"형제들아 너희 가운데서 성령과 지혜가 충만하여 칭찬 받는 사람 일곱을 택하라 우리가 이 일을 그들에게 맡기고, 우리는 오로지 기도하는 일과 말씀 사역에 힘쓰리라"(사도행전 6:3~4) 사도들은 교인들 가운데 성령과 지혜가 충만한 사람 일곱을 택해 집사로 세우고 자신들이 하던 사역의 일부를 나누어주었다. 집사직과 사도직이 긴밀히 연결되어 있음을 보여주는 대목이다. 집사에게 맡겨진 일은 애초에 사도들이 담당했던 일이다. 이는 집사의 사역이 곧 사도의 사역이라는 의미다.

"열두 사도가 모든 제자를 불러 이르되 우리가 하나님의 말씀을 제쳐 놓고 접대를 일삼는 것이 마땅하지 아니하니"(사도행전 6:2) 이 구절만 읽으면 마치 집사 직분이 사도 직분보다 열등한 것처럼 여겨질 수도 있다. 그러나 사도들이 구제 사역에서 손을 떼기로 한 것은 그 사역이 덜 중요해서가 아니라 교회의 어려움을 해결하기 위해서였다. 예수님께 직접 가르침을 받았던 사도들이야말로 누구보다 말씀을 잘 알지 않겠는가? 그래서 사도들은 말씀에 전념하고 구제는 다른 유능한 이들에게 맡긴 것이다.

"스데반이 은혜와 권능이 충만하여 큰 기사와 표적을 민간에 행하니 이른 바 자유민들 즉 구레네인, 알렉산드리아인, 길리기아와 아시아에서 온 사람들의 회당에서 어떤 자들이 일어나 스데반과 더불어 논쟁할새"(사도행전 6:8~9) 집사 스데반은 사도들처럼 표적을 행하고 말씀을 가르치고 논쟁했다.

"빌립이 사마리아 성에 내려가 그리스도를 백성에게 전파하니 무리가 빌립의 말도 듣고 행하는 표적도 보고 한마음으로 그가 하는 말을 따르더라 … 빌립이 하나님 나라와 및 예수 그리스도의 이름에 관하여 전도함을 그들이 믿고 남녀가 다 세례를 받으니"(사도행전 8:5, 6, 12) 집사 빌립 또한 곳곳을 다니며 말씀을 가르치고 전파하며 세례를 주었다. 이처럼 집사직은 단순히 구제 사역에만 한정된 직분이 아니었다.

교회의 직분

사람 사이의 갈등은 흔히 '네가 감히 날 무시해?'라는 감정적 분노에서 비롯된다. 그래서 "군자는 남이 알아주지 않아도 화를 내지 않는다"(공자)는 말도 있다. 인간의 모든 악은 비교에서 비롯된다는 말도 있다. 남보다 비교우위를 점하고 싶은 인간의 욕망 때문에 돈에 대한 집착이 생기고, 직분에 대한 집착이 생긴다. 그러다 보니 직분 간에 우열이 생기기도 한다. 더 나아가 목사, 장로, 집사, 권사, 구역장, 회장 등 교회의 직분을 신분으로 여기기도 한다.

신분제도는 비교우위를 향한 인간의 욕망이 낳은 결과다. 자자손손 계속 우쭐거리며 살고 싶어서 만들어낸 것이 신분제도다. 신분으로 사람의 가치를 묶어놓음으로써 비교우위를 누리고 싶은 것이다. 그렇다면 교회에도 신분이 있을까? 하나님의 종이라는 명칭은 한국 교회에서 주로 목사들에게 적용되는 말이다. "이제는 너희가 죄로부터 해방되고 하나님께 종이 되어 거룩함에 이르는 열매를 맺었으니 그 마지막은 영생이라"(로마서 6:22).

종교 개혁자 마르틴 루터(Martin Luther)는 어떤 의식을 거쳐 특별한 복장을 하게 함으로써 마치 영적인 계급(신분)이 된 듯 행하는 것은 위선이라고 비판했다. 교회 직분은 신분이 아니라는 말이다. 그런데 한번 직분을 맡으면 영원히 특별한 신분을 얻는 것처럼 행동한다. 루터는 이는 인간이 만든 제도일 뿐이라고 말한다.

교회의 직분은 신분이 아니다. "그가 어떤 사람은 사도로, 어떤 사람은 선지자로, 어떤 사람은 복음 전하는 자로, 어떤 사람은 목사와 교사로

삼으셨으니 이는 성도를 온전하게 하여 봉사의 일을 하게 하며 그리스도의 몸을 세우려 하심이라"(에베소서 4:11~12) 여기서 언급된 명칭들은 그 직무에 따라 붙여진 것일 뿐 교회 안에서의 신분을 의미하는 게 아니다. 그렇기 때문에 한 사람이 선지자로, 교사로, 사도로 불릴 수도 있는 것이다. 호칭은 그때그때 하는 일에 따라 바뀐다. 호칭이 정해진 뒤 일이 주어지는 게 아니라 맡겨진 일, 감당하는 사역에 따라 호칭이 붙는 것이다.

사도는 보냄을 받은 자다. 예수는 하나님의 보냄을 받은 자로서 사도였고, 제자들은 예수의 보냄을 받은 자로서 사도였다. 열두 사도가 대표적이지만 그들만이 사도였던 것은 아니다. 예수의 동생 야고보, 바나바, 바울도 사도라 불리었다. 그들 또한 보내어졌기 때문이다. "오직 성령이 너희에게 임하시면 너희가 권능을 받고 예루살렘과 온 유대와 사마리아와 땅 끝까지 이르러 내 증인이 되리라"(사도행전 1:8) 그리스도인은 누구나 세상을 향해 예수 그리스도의 보냄을 받은 자다. 그래서 사도다.

세상에 속한 사람들이 꿈꾸는 인생살이의 목표는 돈을 많이 버는 것, 출세하는 것, 마음껏 쾌락을 누리는 것 등이다. "그런즉 누구든지 그리스도 안에 있으면 새로운 피조물이라 이전 것은 지나갔으니 보라 새 것이 되었도다"(고린도후서 5:17) 예수 그리스도의 피로 속죄함을 받고 그리스도인이 되는 순간 삶의 이유, 인생의 목적이 바뀌었다. 하나님의 나라가 세상에 임하게 하는 데 동참하고 헌신하는 것이 인생의 목표이자 이 땅에서 살아가는 이유가 된 것이다.

"너희는 가서 모든 민족을 제자로 삼아 아버지와 아들과 성령의 이름으로 세례를 베풀고 내가 너희에게 분부한 모든 것을 가르쳐 지키게 하라 볼지어다 내가 세상 끝날까지 너희와 항상 함께 있으리라"(마태복음 28:19~20) 돈이, 벼슬이, 회사가, 친구가, 가족이 버릴지라도 예수님은 제자인 우리와 함께하신다.

05

집사는 열심 있는
직장인이다

아담에게 노동은 원래 즐거운 것이었다. 일종의 놀이였던 셈이다. 놀이가 즐거운 이유는 먹고살기 위해서 해야 한다는 전제가 없기 때문이다. 그런데 죄가 노동을 '먹고살기 위해서 해야만 하는 것'으로 바꾸어놓았다. "내가 네게 먹지 말라 한 나무의 열매를 먹었은즉 땅은 너로 말미암아 저주를 받고 너는 네 평생에 수고하여야 그 소산을 먹으리라"(창세기 3:17).

노동이 어쩔 수 없이 해야만 하는 것으로 변질되었다. "일이란 먹고살기 위해서 해야만 하는 것"이라는 말은 아담의 자손들에게 피할 수 없는 숙명이 되었다. 먹기 위해서 일에 매달리면 매달릴수록 일은 지옥의 수렁이 된다. 아무리 많은 돈을 보상받더라도 결코 벗어날 수가 없다.

썩을 육신을 먹이기 위해서가 아니라 하나님의 나라를 위해서 일하기 시작하는 순간, 지옥은 천국으로 바뀌어간다. 돈과 상관없이 하나님의 은혜를 누릴 수 있기 때문이다. 그래서 세상은 공평하다.

직업은 소명이다

직업은 하나님이 주신 사명이다. 하나님의 섭리하심 가운데 주어진 것이기에 그렇다. 하나님이 주신 것이니 은혜다. 그것을 맡을 만한 자격이 없다고 생각하기에 그렇다. '내가 그 따위 일이나 하고 있을 사람인가?' 하고 생각하는 순간, 하나님의 은혜는 멀어진다. 주어진 일에 대한 원망과 불평, 분노가 마음을 사로잡기 시작한다. 이런 불공정한 처사에 하나님도 동의하지 않으시리라 생각하기도 한다.

내게 주어진 삶, 회사에서의 일, 가족에 대한 의무, 사회적 책임, 교회에서의 과업 등을 부담스럽고 불편한 것으로 생각할 수도 있다. 왜 이런 일이 주어졌는가? 지금 눈앞에 닥친 상황이나 해야 할 일이 적절치 못하다고 판단되기 때문에 불만스러운 것이다. '내가 이런 것까지 해야 하나?' 싶다.

그러나 하나님의 생각은 다르다. 일의 가치는 하나님이 정하시는 것이지 사람이 결정하는 것이 아니다. 따라서 중요한 것은 처해 있는 상황이 어떠한가, 맡겨진 일이 무엇이냐가 아니라 주어진 상황이나 일을 대하는 마음 자세다. 하나님의 초점도 상황이 아니라 마음에 맞춰져 있다.

하나님의 섭리를 믿는 자녀의 본분은 맡겨진 일에 최선을 다하는 것이지 그 일이 내게 적절한지 여부를 판단하는 것이 아니다. 그것이 바로 하나님 앞에서의 겸손이다. 만물의 계획자이시고 경영자이신 하나님을 인정하고 주어진 일이 하나님의 은혜임을 인정할 때 비로소 그 일을 사랑할 수 있다.

감사함으로 일하기

이른 아침 품꾼을 구하러 나간 주인은 하루에 한 데나리온씩을 약속하고 사람을 데려와 일을 시켰다. 9시에도, 12시에도, 오후 3시에도 장터로 가서 놀고 있는 사람들을 품꾼으로 데려왔다. 하루 일이 다 끝나갈 무렵인 오후 5시에도 나가서 종일 놀고 있던 사람들을 데려와 일을 시켰다.

하루 일이 다 끝난 뒤 주인이 품삯을 지불했다. 그런데 주인은 맨 나중에 온 사람에게도 한 데나리온을 지급했다. 한 데나리온은 성인 남자가 받을 수 있는 하루치 품삯이다. 이것을 본 사람들은 놀라서 따져보았다. 1시간을 일했는데도 한 데나리온을 준다면 12시간 일했으니 열두 데나리온? 아니, 그건 아닐 테고 적어도 두 배나 세 배는 주겠지…….

그런데 주인은 아침부터 일한 사람, 오후부터 일한 사람 상관없이 모두에게 똑같이 한 데나리온씩 지급하는 것이 아닌가? 그러자 아침부터 일한 사람들이 주인을 향해 원망을 쏟아냈다. 1시간 일한 사람과 종일 수고한 사람에게 똑같이 주는 것은 말도 안 된다는 것이다. 하지만 주인의 대답은 명쾌했다. "친구여 내가 네게 잘못한 것이 없노라 네가 나와 한 데나리온의 약속을 하지 아니하였느냐 네 것이나 가지고 가라 나중 온 이 사람에게 너와 같이 주는 것이 내 뜻이니라"(마태복음 20:13~14).

오늘 하루 일거리가 생긴 것은 은혜이고 감사한 일이었다. 그런데 나보다 나중에 일하러 온 사람이 받은 품삯과 내가 받은 품삯을 비교하는 순간, 그것은 더 이상 은혜가 아니었다. 도리어 원망이 되었다. 그 당시

한 데나리온은 한 가족이 하루를 먹고사는 데 필요한 만큼의 돈이다. 즉, 주인은 모든 이에게 일용할 양식을 준 것이다.

감사는 하나님과 나 사이의 관계다. 거기에 다른 사람과의 비교가 끼어들면 감사는 사라지고 만다. "또 무엇을 하든지 말에나 일에나 다 주 예수의 이름으로 하고 그를 힘입어 하나님 아버지께 감사하라"(골로새서 3:17).

하나님께 묻고 의지하라

하나님은 언제나 우리와 함께하시는가? 회사에서 맡은 일을 진행할 때도, 집 창문에 새 커튼을 달 때도, 고장 난 보일러를 수리할 때도, 학교에서 수학 시험을 볼 때도 함께하시는가? 우리가 무슨 일을 하든 하나님의 영이 항상 그 가운데 함께하신다.

성경에 기록된 하나님의 사람들은 자신의 일을 감당할 때 하나님의 인도를 바라고 의지했다. 그렇다면 오늘날 각자의 영역에서 맡은 일을 하는 우리들도 자신의 일과 관련해서 하나님의 영이 인도해주시기를 바라고 의지하는 것이 옳지 않겠는가?

경제와 의술, 공학, 건축, 예술, 교육, 살림, 기계, 연애에 대해서도 하나님을 의지할 수 있는 것일까? 하나님은 전지전능하시니 당연히 다 아시겠지만, 설마 내 삶에서 그런 것에까지 속속들이 개입하실까? 사람들은 흔히 교회 밖에서 벌어지는 일이고 신앙생활 이외의 영역이니 하나님을 찾기보다는 스스로의 노력을 통해 해결하는 게 옳다고 생각한다. 하지만 그렇지 않다.

"내가 땅의 기초를 놓을 때에 네가 어디 있었느냐 네가 깨달아 알았거든 말할지니라 누가 그것의 도량법을 정하였는지, 누가 그 줄을 그것의 위에 띄웠는지 네가 아느냐"(욥기 38:4~5) 인간이 알고 있는 지식이 옳은 것이라면 하나님께로부터 온 것일 수밖에 없다. 이 세상을 만드신 분이 하나님이시기 때문이다. 어느 분야에서든 최고의 지식을 가진 이는 하나님이시다. 이는 신학뿐만 아니라 인간과 지구, 우주, 역사, 인생의 모든 분야에까지 모두 해당된다. 그런데 어찌 내가 하는 일에 대해 하나님의 영이 알려 주시는 바를 소홀히 하는가? 어째서 그분께 먼저 묻지 않는가?

인간의 능력과 노력으로 얻을 수 있는 지식보다 하나님의 영이 함께함으로써 얻는 지식이 훨씬 더 많다. 그러니 무슨 일을 하든 먼저 하나님께 묻고 그분의 영이 내 안에서 뭐라고 말씀하시는지에 귀를 기울일 일이다. 그분의 인도하심을 바라고 믿으며 행함으로써 더 나은 지식에 도달할 수 있다. "내가 네 말대로 하여 네게 지혜롭고 총명한 마음을 주노니, 네 앞에도 너와 같은 자가 없었거니와 네 뒤에도 너와 같은 자가 일어남이 없으리라"(열왕기상 3:12) 솔로몬에게 지혜와 지식을 주셨던 하나님은 내게도 지혜와 지식을 주시는 하나님이시기 때문이다.

06

집사는
지역사회의 봉사자다

예전에는 누군가가 경제적으로 곤경에 처하거나 병들어서 거동이 힘들면 마을 사람들이 보살펴주었다. 죽은 지 며칠이 지나도록 아무도 알지 못하는 일은 결단코 발생하지 않았다. 하지만 오늘날 산업화된 도시에서는 한동네에 살면서도 서로 잘 알지 못하는 경우가 흔하다. 화려한 시설과 높은 인구밀도를 자랑하는 도시에서 고독사가 생겨났다. 이제 몇 달이 지나고 나서야 사람이 죽은 것을 아는 일이 낯설지 않게 되었다.

"이같이 너희 빛이 사람 앞에 비치게 하여 그들로 너희 착한 행실을 보고 하늘에 계신 너희 아버지께 영광을 돌리게 하라"(마태복음 5:16) 교회는 세상의 빛이다. 교회 밖 세상 사람들은 사랑의 빛을 필요로 한다. 그래서 교회는 지역사회를 돌보는 센터가 되어야 한다. 교회 밖에 있는 이들을 위한 구제와 봉사에 대해 교인으로서 주저할 이유가 전혀 없다.

옛날부터 교회는 고아와 과부를 보살폈다. 열악한 처지에 있는 노예들과 재난당한 사람들을 돌보았다. 지역사회를 향한 구제와 봉사를 통해서 회심자들도 생겨났다. 교회가 지역사회를 섬김으로써 하나님께 영광을 돌린 것이다. 잃어버린 양 한 마리를 찾기 위해 온 산을 찾아 헤매는 목자의 심정으로 교회가 지역사회를 바라보아야 한다. 집사는 교회 안을 돌볼 뿐 아니라 교회 밖 지역사회를 향한 구제와 봉사까지도 아우르는 직분이다.

사람을 움직이는 힘

사람을 움직이는 동기에는 세 가지가 있다.

첫째는 두려움이다.

부모들이 "애가 군대 가더니 달라졌다"는 이야기를 많이 한다. 군대에서는 게으름을 피우는 순간 대가를 치러야 한다. 즉, 두려움이 빠릿빠릿하게 움직이게 만든다. 그런데 두려움은 외적 조건 때문에 생겨난 것이기 때문에 외부 상황이 바뀌거나 피할 방도를 찾는 순간 언제든 도루묵이 될 수 있다.

둘째는 의무감이다.

자신에게 맡겨진 직책이나 평판 때문에 생기는 의무감이 사람을 움직이게 한다. 가르치거나 본을 보여야 하는 위치에 있는 사람들은 행동을 절제한다. 하지만 사람들의 눈을 피할 수 있다면 이 또한 쉽게 무너질 수 있다. 단순히 의무감 때문에 하는 것이라면 집사의 직무도 사람에게 보이기 위한 행위가 될 수 있다.

셋째는 사랑이다.

일이나 공부가 좋아서 하는 사람은 누구도 당할 수 없다. 몇 번을 실패하더라도 기꺼이 다시 시도한다. 좋아서 하기 때문이다. 그래서 "인생의 성공 비결은 사랑"이라는 말도 있다. 연구를 사랑하면 노벨상을 받고 운동을 사랑하면 금메달을 받는다. 또한 집사의 직무를 사랑하면 놀라운 섬김이 가능해진다.

간혹 쓰레기를 남의 집 앞이나 길가에 슬쩍 버리고 가는 사람들이 있다. 담장 위에 반쯤 먹다 남은 음료수 캔을 놓고 가는 사람, 쓰레기를 검은 봉지에 담아 전봇대 옆에 슬쩍 놓고 가는 사람, 개가 싼 똥을 그대로 두고 가는 사람……. 내 집 앞에서 그런 상황에 직면하면 그런 사람들의 얼굴에 쓰레기를 확 부어버리고 싶은 심정이다. 화가 나서 그냥 놔두면 또 다른 인간들까지 덩달아 쓰레기를 놓고 간다.

그렇게 얍삽한 행동을 하는 사람을 생각하면 화가 나고 억울해서 절대 그 쓰레기를 치울 수 없다. 정의감을 가지고는 해결이 안 되며, 도리어 분노만 키울 뿐이다. 그런데 예수님은 어떠신가? 예수님은 남이 저지른 죄 때문에 십자가에서 살이 찢기는 고통을 감당하며 죽기까지 하셨다. "인자가 온 것은 섬김을 받으려 함이 아니라 도리어 섬기려 하고 자기 목숨을 많은 사람의 대속물로 주려 함이니라"(마태복음 20:28) 예수님이 그러

바른 집사

셨으니 비록 내가 버린 것은 아니지만 쓰레기 정도야 치울 수 있지 않겠는가? "내가 너희를 사랑한 것같이 너희도 사랑하라"(요한복음 15:12) 예수님을 사랑해서 치울 수 있다. 집사의 직무는 예수님을 사랑해서 감당하고 수고하는 일이다.

누구를 위해 사는가

시간과 재능, 재산과 직업은 누구를 위해 주어진 것일까? 모든 사람은 '너'라는 상대방과의 관계 속에서 산다. 그런 인생들이 "나를 위해서 산다"고 말할 때 그 진정한 의미는 무엇일까? 도대체 어떤 의미로 그런 말을 하는 것일까? 자신이 하고 싶은 것을 맘껏 하면서 자유롭게 사는 것이다. 하지만 사실 따지고 보면 하고 싶은 것이 세상에 어디 한두 가지인가? 게다가 하고 싶은 것들이 서로 충돌하기 일쑤다.

그렇기 때문에 어떤 선택을 하든 인간은 늘 자기가 하고 싶은 것을 하면서 산다고 할 수 있다. 동시에 자기가 하고 싶은 뭔가를 하지 못하며 산다. 그런데 하지 못하는 것일수록 아쉬움이 더 크기 때문에 늘 하고 싶은 것을 하지 못하고 산다고 할 뿐이다. 사람은 반드시 뭔가를 원해서 선택을 하게 마련이다.

자신을 위해서 아등바등 살다 보면 그 모든 노력이 결국 자신을 위한 것이 되는가? 자신에게 유익한 결과가 되었다고 앞으로도 그렇게 될 거라고 자신 있게 말할 수 있는가? 만취 상태로 길바닥에 누워 있는 사람도 자기를 위해서 열심히 술을 마셨을 것이다.

"내가 너로 큰 민족을 이루고 네게 복을 주어 네 이름을 창대하게 하리니 너는 복이 될지라 … 땅의 모든 족속이 너로 말미암아 복을 얻을 것이라"(창세기 12:2~3) 지역사회가 복을 얻게 하려고 하나님이 교회에 복을 주셨다. 이것이 하나님이 교회를 향해 주시는 말씀이다. 이 말씀을 깊이 묵상하면 "네 목숨을 다해 하나님을 사랑하고, 네 이웃을 네 몸같이 사랑하라"는 말씀이 마음에 와 닿는다.

인생은 나를 위해 주어진 것이 아니다. 그렇기 때문에 자신만을 위해서 살 수 없다. 나를 위한 삶은 내가 만들어가는 것이 아니라 하나님을 위해서 지역사회와 이웃을 위해 살다 보면 하늘의 선물로 주어지는 것이다. 그래서 사나 죽으나 집사는 하나님을 위해 지역사회를 돌보는 직무를 감당한다. "우리가 살아도 주를 위하여 살고 죽어도 주를 위하여 죽나니 그러므로 사나 죽으나 우리가 주의 것이로다"(로마서 14:8).

선한 일에 대한 보상

동화에서와는 달리 우리가 사는 세상에서는 못된 인간들도 떵떵거리며 잘산다. 오히려 의를 위해 헌신한 사람들이 보상도 못 받고 외면당한 채 인생을 마감하는 게 아닌가 하는 생각이 들 때도 있다. 그렇다. 우리의 선한 행위는 이 세상에서 보상받는 게 아니다. 모든 선한 일에 대한 보상은 궁극적으로 하나님께로부터 온다.

집사로서 행하는 선한 섬김은 상대방에게 뭔가 보상받기를 바라며 하는 게 아니다. 선하게 섬겨 봐야 득이 될 게 하나도 없는 사람이라도 상관없다. 오히려 그런 사람을 섬기는 일을 더 즐거워할 수 있다. 하나님이 친히 갚아주시기 때문이다. "기쁜 마음으로 섬기기를 주께 하듯 하고 사람들에게 하듯 하지 말라 이는 각 사람이 무슨 선을 행하든지 종이나 자유인이나 주께로부터 그대로 받을 줄을 앎이라"(에베소서 6:7).

사람에게 행한 선한 섬김은 그에게서 보상을 받는 것이 결코 아니다. 교회의 집사로서 행한 선한 섬김에 대한 보상도 하나님께로부터 주어진다. 세상이 알아주지 않아도 결코 실망할 일이 아니다. 원래 세상의 수준이 그렇다.

07

집사는
가정의 등불이다

창세기 1장 27절에 보면 하나님은 사람을 남자와 여자로 창조하셨다. 그 의미가 무엇인가? 이어지는 말씀은 남자가 부모를 떠나 그의 아내와 합하여 둘이 한 몸을 이루는 것이 하나님의 뜻이라고 하신다. 둘이 한 몸이 되었다는 것은 더 이상 두 사람이 아니라 한 사람이라는 의미다.

"그런즉 이제 둘이 아니요 한 몸이니 그러므로 하나님이 짝지어 주신 것을 사람이 나누지 못할지니라"(마태복음 19:6) 이혼은 절대 불가하다는 것보다는 결혼은 하나님 앞에서 행한 신성한 언약이라는 데 이 말씀의 강조점이 있다. 단순히 남자와 여자 사이에 벌어지는 욕망과 감정의 문제가 아니라 나를 창조하신 하나님과의 약속임을 기억하라는 것이다. 한 남자나 한 여자를 배우자로 선택하는 것은 곧 하나님 앞에 "이 사람을 내 몸으로 여겨 사랑하겠다"고 서약하는 것이다.

사람이 자기 몸을 어떤 이유로 내버릴 수 있겠는가. 지금 이 순간 맘에 안 든다고, 더 좋은 몸이 생겼다고 함부로 몸을 내버릴 수는 없다. 미우나 고우나 아끼고 사랑하며 지킬 일이다.

사랑은 복종이다

예전에는 집안 어른들이 자손의 짝을 지어주었다. 즉, 가문의 뜻에 따라 결혼했다. 지금은 가문이 아니라 개인의 선택이 중요하다. 결혼의 조건은 무엇일까? 흔히 사람들은 '사랑하니까 결혼하는 것'이라고 생각한다. 그러다 보니 이제는 사랑이 식으면, 또 다른 사랑이 나타나면 이혼할 수도 있다는 식으로 생각하게 되었다. 더 나아가 다른 사랑이 나타나면 이혼하는 게 당연하다고 주장하기도 한다.

결혼은 사랑 때문에 하는 것이다. 그러나 사랑해서 하는 게 아니라 사랑하기 위해서 한다. 사랑하기 때문에 결혼하는 게 아니라 결혼했기 때문에 사랑하는 것이라는 말이다. 결혼은 한 사람을 사랑의 대상으로 선택하고 결심하는 과정이다. 결혼을 통해 가정을 이룸으로써 인간은 사랑하고 헌신하는 삶을 배운다. 가정은 사랑을 연습하는 교실이다.

"남편은 하늘"이라는 말이 있다. 흔히 받아들이기로는 남편에게 복종하라는 의미로 통한다. 여자는 무조건 남편의 말을 따르고 토를 달지 말라는 얘기다. 하나님은 정말 일방적으로 여자가 남자에게 복종할 것을 결혼의 조건으로 주셨을까?

"아내들이여 자기 남편에게 복종하기를 주께 하듯 하라 … 남편들아 아내 사랑하기를 그리스도께서 교회를 사랑하시고 그 교회를 위하여 자신을 주심 같이 하라"(에베소서 5:22, 25) 누군가를 사랑하면 상대의 말을 존중하고 수용(복종)하게 된다. 복종은 상대에 대한 존중과 사랑으로 가능해진다. 물론 힘에 의한 원치 않는 복종도 있지만, 남편이 아내에게 원하는 복종은 그것이 아닐 것이다.

사랑과 복종이라는 다른 단어를 썼지만, 이는 남자에게 주도권이 있었던 사회문화적 상황에 따른 언어적 표현의 차이일 뿐이다. 이 말의 실제 의미나 요구 사항은 같다. 남편은 아내를, 아내는 남편을 존중하라는 뜻이다. 하나님 앞에서 서로 사랑하기로 약속했으니 그 약속대로 서로를 존중하고, 서로 사랑함으로써 서로에게 복종해야 한다.

이제 둘이 아니요 한 몸이니 그러므로 하나님이 짝지어 주신 것을 사람이 나누지 못한다고 했다. 이 말씀은 단순히 이혼하면 안 된다는 의미일까? '나누지 못한다'가 아니라 '한 몸이다'에 강조점이 있다. 한 몸이라는 선언은 서로 사랑하고 복종하고 존중하라는 것이다. 비록 배우자가 내 기준에 못 미치더라도 내 몸이니 사랑하고 복종하고 존중할 수 있다.

가족을 섬기는 자

"애 땜에 미치겠어요!"

청소년 자녀를 둔 부모들이 종종 하는 말이다. 내 배로 낳은 자식인데 내 뜻대로 되지 않는다. 초등학교 다닐 때는 곧잘 시키는 대로 하던 아이가 중학교에 들어가면서 반항과 거짓말로 속을 썩인다. 때리고 협박하고 어르고 별짓을 다해도 도무지 먹혀들지 않는다. 나중에는 도리어 가출하겠다는 둥 학교를 그만두겠다는 둥 죽어버리겠다는 둥 온갖 협박성 발언으로 부모 속을 뒤집어놓는다. 자식 앞에서는 어쩌면 이렇게 무능하단 말인가. 분노와 배신감에 치를 떨면서도 도무지 방법이 없으니 좌절한다.

"또 아비들아 너희 자녀를 노엽게 하지 말고 오직 주의 교훈과 훈계로 양육하라"(에베소서 6:4) 성적 때문에 아이를 들들 볶는 부모가 내세우는 명분은 "다 널 위해서야"다. 물론 그런 변명에 동의하지 않는 자녀들이 많다. 공부 잘하는 자식을 두고 싶은 욕심 때문에 그런다고 생각하는 것이다. 성적이 부모 기대에 못 미친다고 해서 화내고 미워하는 것을 보면서 '나를 위해서 저러는 게 아니다'라고 확신하는 것이다.

사람은 누군가를 통제할 수 있다고 믿는다. 특히 자식이나 배우자에 대해서는 당연히 자신의 기대에 부응해야 한다고 생각하기 쉽다. 그리고 그 기대에 미치지 못하면 분노와 비난, 매질과 선물을 통해 상대방을 통제하려 한다. 만약 내 뜻대로 따라주지 않는 상황이 계속되면 견딜 수 없는 절망과 분노에 사로잡힌다. 내 뜻대로 움직여주지 않는다는 사실이, 좋은 관계를 유지할 수 없다는 사실이 우리를 불행하게 한다.

솔로몬은 서로 자기 아이라고 우기는 두 여인에게 아이를 반 토막 내어 반반씩 주겠다고 제안했다. "내 주여, 산 아이를 그에게 주시고 아무쪼록 죽이지 마옵소서." 이게 진짜 엄마의 마음이다. "(성적 따위) 아무래도 좋으니 아무쪼록 아이가 행복하게 하옵소서." 오늘날에는 이것이 진짜 부모의 마음이어야 한다. 아이가 행복해질 수 있는 길은 성적이 아니라 하나님께 있다. 그런데 부모가 이것을 진심으로 믿지 못해서 문제가 생기고, 공부 때문에 아이와 싸우는 것이다.

아이가 공부를 안 하면 성질내며 닦달하고 미워할 게 아니라 하나님께 말씀드려라.

"하나님, 당신의 자녀가 공부를 지지리도 안 하네요. 걱정됩니다."

그러면 하나님이 뭐라고 하실까? 이러시지 않을까?

"내 새끼 공부 안 하는데 왜 네가 안달복달이냐? 넌 제때에 먹이고, 입히고, 쉬게 해주고, 심심해하면 놀아주고, 힘들어 하면 안아주고 네 할 일이나 잘해라. 그놈 인생이 어찌되어야 할지는 내가 알지. 네 인생도 잘 모르면서 무슨 자식 인생까지 책임지겠다고 소란이냐?"

"네 길을 여호와께 맡기라 그를 의지하면 그가 이루시리라"(시편 37:5) 아이의 길(공부)을 하나님께 맡겨라. 그가 키우신다. 아이의 공부는 부모나 학원이 책임질 수 있는 것이 아니다. 말을 물가로 끌고 갈 수는 있지만 억지로 물을 먹일 수는 없다는 말이 있다. 아이에게 공부할 기회를 제공하는 것은 부모의 일이지만, 억지로 공부시키는 것은 부모의 일이 아니다. 아이가 공부를 하든 안 하든 하나님이 알아서 감당하신다. 이게 하나님을 믿고 순종하는 부모의 마음이다. 얼마나 자유로운가?

집사는 섬기는 자다. 교회를 섬길 뿐만 아니라 가족을 섬기는 자다. 배우자를 섬기고 자녀를 섬기고 부모를 섬긴다. 가족을 섬기는 것은 내 기준과 내 마음에 맞추기 위해서 가족을 몰아세우고 통제하는 것이 아니다. 가족을 내 것이 아니라 하나님의 것으로 인정해야 한다.

집사는 하나님의 것인 가족을 잘 섬기라는 사명을 받은 자다. 가족을 향한 내 기대를 내려놓고 가족을 향한 하나님의 기대에 집중해야 한다. 내 능력이 아니라 하나님의 능력을 의지해야 한다.

08

집사는
건전한 국민이다

　　자본주의 사회에서는 이윤을 많이 남기는 게 우선이다. 그래서 파는 자나 사는 자나 서로 더 받으려 하고 더 깎으려고 애를 쓴다. 때로는 이윤 때문에 거짓말도 하고, 세금 포탈을 하기도 한다.

　"예수 믿는 놈들이 더해."

　이 말의 의미가 무엇일까? 쉽게 말해서 예수쟁이들이 더 깎고 더 받아먹는다는 얘기다. 예수 믿는 사장이 봉급을 덜 주고, 일은 더 시키고, 세금은 안 내더라는 얘기다. 그렇게 해서 이윤을 더 남겨 헌금을 많이 하면 교회에서는 칭찬을 받는다. 그런데 세상에서는 하나님이 욕을 먹으니 결국 하나님의 영광이 가려진다.

　"이같이 너희 빛이 사람 앞에 비치게 하여 그들로 너희 착한 행실을 보고 하늘에 계신 너희 아버지께 영광을 돌리게 하라"(마태복음 5:16) 자본주의 사회에서 선한 행실은 무엇인가? 이윤을 덜 남기는 것이다. 좀 더 싸게 팔고, 살 땐 가급적 덜 깎고, 직원 봉급은 좀 더 주고, 법을 잘 지키고, 세금을 정직하게 내고……. 교회가, 집사가, 믿는 자가 말이다. 왜 그래야 하는가? 하나님의 영광을 위해서, 세상이 하나님께 귀 기울이게 하기 위해서다. 또한 내가 하나님께 복을 받기 위해서다.

위에 있는 권세

"각 사람은 위에 있는 권세들에게 복종하라 권세는 하나님으로부터 나지 않음이 없나니 모든 권세는 다 하나님께서 정하신 바라"(로마서 13:1) 자연 세계에 질서가 있듯 인간 사회에도 질서가 있다. 인간이 정치질서를 만들고 움직이지만, 그 모든 것의 최종적 섭리는 하나님께 속한다. 그래서 모든 권세는 하나님이 정하신 것이라는 명제가 성립할 수 있다. 사람은 인간 사회에서 사는 동안 위에 있는 권세와 법에 복종하는 것이 맞다.

그런데 하나님의 나라를 너무도(?) 열망하는 제자들 중에는 세상의 권력이나 제도, 법을 인정하지 않고 무시하려는 사람들도 있다. 자신들은 하늘에 속한 자이지 세상에 속한 자가 아니라는 이유에서다. 하나님이 모든 걸 다 용서하시니 세상 앞에서 회개하거나 세상으로부터 정죄받을 필요가 없다는 것이다. 굳이 세상 국가에 세금을 잘 낼 이유도 없고, 세상 국가의 법이나 도덕에 대해 책임질 이유도 없다는 것이다.

누군가가 하나님께 권세를 부여받을 때 거기에는 반드시 하나님이 의도하신 섭리가 있다. 하나님은 인간들을 통해 질서를 만들어가시는 분이다. 그러니 세상에 사는 동안 섬기는 사명을 부여받은 집사는 누구보다도 세금을 잘 내고, 국방의 의무를 충실히 하고, 공동체가 정한 법을 잘 지켜야 한다. 교회를 성실히 섬기듯 국가와 사회를 섬김으로써 하나님의 영광을 드러내야 한다.

만약 집사 된 자가 권세를 행사하는 자리에 앉게 되면 어떨까? 모든 권세는 하나님께로부터 나온 것이므로 자신의 권력 행사가 하나님의 뜻에 복종하고 있는지 늘 점검해야 한다. 위에 있는 권세에 복종하라는 명령은 그 권세를 행사하는 자에게도 해당한다. 내 권세가 아니라 하나님의 권세이기 때문에 그렇다.

국가 공동체가 정치 권력을 세우는 것은 구성원들에게 골고루 유익을 주기 위해서다. 공동체 구성원 간에 불평등이 심해지면 공동체의 존립 자체가 위태로워지기 때문이다. 그래서 때때로 공익을 위해 사익이 제한되곤 한다. 국가의 권세를 위임받아 행사하는 자 역시 공익 앞에 사익을 복종시켜야 한다. 맡은 권세를 이용해서 개인적 이익을 도모하면 안 된다.

그러나 때때로 권세를 맡은 자가 권세의 주인이신 하나님을 잊고 오히려 하나님의 뜻에 반해 권세를 오용하거나 남용하는 경우가 있다. 그래서 베드로와 요한이 권세를 위임받은 자를 향해 외쳤던 것이다. "하나님 앞에서 너희의 말을 듣는 것이 하나님의 말씀을 듣는 것보다 옳은가 판단하라"(사도행전 4:19).

집사는 이 세상에서 살고 있으나 이 세상에 속하지 않은 자다. 그가 최종적으로 의지하는 것이 하나님의 법이기 때문이다. 그래서 교회를 섬기듯 세상을 섬긴다. 누구보다도 세상의 권세와 법을 성실히 따름으로써 하나님께 복종하며 하나님의 영광을 세상 앞에 드러내는 것이다.

집사의 처세술

사람이 행동할 때는 항상 추구하는 바가 있다. 크게 보면 이익을 위해서 하는 경우와 생존을 위해서 하는 경우로 나눌 수 있다. 이익을 위해서 하는 경우 편리나 욕심에서 비롯된다. 좀 더 좋게, 좀 더 많이, 좀 더 편하게……. 반면 생존을 위해서 하는 경우는 생명을 살리고 유지하려는 데서 비롯된다.

어떤 성에 부자와 가난한 자가 살았다. 한 나그네가 부자에게 오니 부자는 자기에게 온 손님을 대접하기 위해 가난한 사람의 하나밖에 없는 어린 양을 가져와서 잡았다. 무엇이 잘못인가? 자기 집에 온 손님에게 남의 것을 가져다가 대접했다는 점인가? 만일 그 양이 부자가 가난한 자에게 빌려준 것이라면 어떻게 되는가?

부자가 양을 아끼는 것은 이익을 위해서다. 양 한 마리가 없어져도 부자의 생계유지에는 영향이 없다. 그러나 가난한 사람은 양이 없어지면 먹고살 길이 막막해진다. 부자는 내 것을 찾아간 것이니 문제될 게 없지만, 가난한 자의 입장에서는 그것이 생계 수단이니 문제가 심각하다.

사람들 사이의 권리 주장에는 충돌이 있게 마련이다. 내 이익을 지키려는 권리와 내 생명을 지키려는 권리 중 어느 것이 우선일까? 하나님은 생명을 지키려는 권리가 우선이라고 말씀하신다. 따라서 내 이익을 위해 남의 생명을 위협하는 것이 세상의 법으로는 정당화될 때도 있지만, 하나님의 법 앞에서는 결코 용납될 수 없다.

"인간이 만물의 척도다"라는 말이 있다. 더 나아가 "내가 만물의 척도다"라고 말하기도 한다. 내가 기준이라는 말은 곧 내 욕망이 기준이라는 소리다. 내 욕망을 채우고 성취하는 것이 인생의 최종 목표다. 나머지는 모두가 수단일 뿐이다. 내 욕망의 성취라는 관점에서 모든 것을 판단하는 것이다.

법이라는 사회 규범을 지키는 것도 내 이익과 편리를 충족시키기 위해서일 뿐이다. 만일 벌금을 내지 않고 감옥에 가지 않는다면 언제든 법을 어길 수가 있는 것이다. 그래서 "내가 하면 로맨스, 남이 하면 불륜"이라는 말도 생겨났다. 사회 규범을 대하는 타락한 인간의 태도를 정확히 짚어낸 말이다.

각자가 자기 욕망을 우선시하다 보니 늘 다툼이 생긴다. 그 다툼은 좋게, 합의로, 이성적으로 해결되지 않는다. 보이거나 보이지 않는 힘, 즉 서열에 의해 해결된다. 그러니 서로 남보다 더 힘을 갖기 위해 늘 싸울 수밖에 없다. 서로가 높은 자리에 오르기 위해, 자기의 서열을 높이기 위해, 권력을 차지하기 위해 올인한다.

"너희 중에 누구든지 크고자 하는 자는 너희를 섬기는 자가 되고 너희 중에 누구든지 으뜸이 되고자 하는 자는 모든 사람의 종이 되어야 하리라"(마가복음 10:43~44) 이는 흔히 사람들이 믿는 것과는 전혀 일치하지 않는 처세술이다. 어느 쪽이 진실일까? 힘센 자의 말이 진실이다. 세상에서 가장 힘센 이는 누군가? 바로 하나님이시다. 집사는 그분에게서 사명을 받은 자다. 그렇다면 집사는 누구의 눈치를 보며 살아야 하는가? 누구의 처세술에 따라야 하는가?

09

집사는
구제하는 자다

인간은 청지기일 뿐이다. 세상에서 소유하는 것이 모두 내 것이 아니라는 말이다. 심지어 내 생명까지도 내 것이 아니다. 하나님의 관점에서 볼 때 인간이 소유할 수 있는 것은 하나도 없다. 모두 하나님께 속한 것이다. 잠시 동안 맡겨졌을 뿐인 내 손에 쥐어진 것들은 모두 하나님이 오직 은혜로 주신 것이다.

 "토지를 영구히 팔지 말 것은 토지는 다 내 것임이니라 너희는 거류민이요 동거하는 자로서 나와 함께 있느니라"(레위기 25:23) 가나안 땅을 이스라엘 백성들에게 주시면서 당부하신 하나님의 말씀이다. 하나님의 자녀는 자신에게 주어진 물질과 시간을 어떻게 사용할 것인지에 대해 늘 고민해야 한다. 단순히 많이 소유하는 것이 삶의 목표일 수는 없다. 부자가 되고 권력자가 되고 유명해지는 게 인생의 목표는 아니라는 말이다. 내게 맡겨진 재물과 시간, 재능, 권력을 통해 주어진 하나님의 사명이 무엇인지를 알아서 거기에 합당하게 사용해야 한다.

빚을 진 자

세상에는 두 종류의 사람이 있다. 빚을 준 자와 빚을 진 자다. 대부분의 사람들은 미친 듯이 뭔가를 소유하려 애쓴다. "빈손으로 왔다가 빈손으로 가는 것"이라는 말도 있지만, 사람들은 결코 빈손으로 갈 수 없는 것처럼 무엇이든 손에 쥐려고 애쓴다. 인간의 발달 단계를 살펴보면, 먹을 것부터 시작해서 성적·점수에 대한 집착을 거쳐 쾌락과 돈에 대한 탐욕, 권력에 대한 집착으로 나아간다.

끊임없이 더 가지려고 달려드는 사람을 보면 마치 이 세상에 빚을 준 사람 같다. 마치 내가 준 것을 돌려달라는 듯이 덤벼든다. 그리고 자기가 원하는 대로 얻지 못하면 낙심하고 화내고 세상이 잘못되었다고 울분을 토한다. 내게 주어야 할 합당한 몫(빚)을 돌려주지 않았으니 이 세상은 정의롭지 못하다. 세상의 불의함에 대한 정죄는 하나님의 침묵에 대한 호소로 이어진다. "어찌하여 세상이 이 모양입니까, 주여!"

우리의 정체는 빚을 준 자일까, 빚을 진 자일까? "내가 너희 보기를 간절히 원하는 것은 어떤 신령한 은사를 너희에게 나누어 주어 너희를 견고하게 하려 함이니"(로마서 1:11) 바울은 신령한 은사를 나누어주기 위해 로마까지 가는 힘겨운 여행을 갈망한다. 뭔가를 받거나 얻기 위해서가 아니라 주고 나누기 위해서 택한 여행길이다. 헬라인이나 야만인이나 지혜 있는 자나 어리석은 자나 예쁜 자나 미운 자나 친근한 자나 원수 같은 자나 불의한 자나 의로운 자나 세상 모두에게 빚을 갚기 위해 살아가는 인생길이다.

나누어주는 것이야말로 모든 사람과 상황에 대처하는 그리스도인의 인생 목표이고 가야 할 길이다. 내 말과 행동과 생각이 하나님의 은사를 나누어주는 데 기여하고 있는가? 도대체 왜 나누어주어야 하는가? 내가 그들보다 우월해서? 혹은 그들보다 가진 게 더 많아서? 결코 그래서가 아니다. 어떤 경우에는 객관적으로 보아 그들보다 내가 가진 게 적을 수도 있다.

하지만 하나님 앞에서는 내가 빚진 자이기에 빚을 갚는 것이다. 내게 있는 모든 것들, 즉 시간, 팔과 다리, 말(言), 재능, 소득, 직업 등이 모두 하나님이 내게 은혜로 주신 것이기에 나는 빚진 자다. 그 빚을 갚아야 할 대상이 가족이고 이웃이고 세상이다. 하나님은 내게 빚을 갚으라고 은사를 주셨다. 그것은 내가 해야 할 '적은 일'이다. "그 주인이 이르되 잘하였도다 착하고 충성된 종아 네가 적은 일에 충성하였으매 내가 많은 것을 네게 맡기리니 네 주인의 즐거움에 참여할지어다"(마태복음 25:23).

집사의 사명인 섬김은 나누어주는 것이다. 재물과 시간, 재능, 직업, 말, 사랑과 친절, 위로 등 하나님이 허락하신 모든 것을 '하나님이 이처럼 사랑하신 세상'을 향해서 나누는 것이다. 십계명의 여덟 번째 계명인 "도둑질하지 말라"는 "너 자신을 여호와께로부터 도둑질하지 말라"는 뜻으로 해석할 수도 있다. 하나님이 주신 사명을 감당하는 데 사용하라고 허락하신 소유물의 노예가 되어 단순히 그것을 늘리는 데만 올인하는 인생이 되어서는 안 된다. 하나님의 사명을 맡은 집사라는 자리에서 너 자신을 쫓아냄(사명을 외면함)으로써 하나님의 것인 너 자신(시간, 재능, 직업, 재물 등)을 도둑질하지 말라.

구제는 사명인가

"가난한 자들은 항상 너희와 함께 있으니 아무 때라도 원하는 대로 도울 수 있거니와 나는 너희와 항상 함께 있지 아니하리라"(마가복음 14:7) 예수님도 항상 너희와 함께 있다고 가난한 자의 존재를 당연하게 말씀하셨으니 가난은 어쩔 수 없는 것으로 내버려두어야 한다는 식으로 생각하는 사람도 있다. 그러다 보니 교회가 전도하는 기관이지 무슨 구제 기관이냐며 노골적으로 가난한 자에 대한 물질적 섬김을 무시하는 경우도 있다.

'아무 때라도 도울 수 있거든'은 가난한 자를 신경 쓰지 말라는 것이 아니라 아무 때나 늘 도우라는 말씀이다. 다만 죽음을 앞둔 시점에서 가난한 자들과는 달리 예수님이 더 이상 육신으로는 함께 있지 않을 것임을, 섬김을 받지 못할 것임을 말씀하고 있다.

전도만이 교회의 사명인가? 아니다. 구제 역시 교회의 사명이다. 내 재물이 아니고 하나님의 재물이므로 하나님의 명령대로 사용하는 게 맞다. "내가 오늘 네게 내리는 그 명령을 다 지켜 행하면 네 하나님 여호와께서 네게 기업으로 주신 땅에서 네가 반드시 복을 받으리니 너희 중에 가난한 자가 없으리라"(신명기 15:4~5) 아직도 우리 중에 가난한 자가 있다는 것은 교회가 하나님의 명령을 제대로 지켜 행하지 않았다는 뜻이기도 하다.

한 탈북 청소년이 이런 말을 했다고 한다.

"북한에서는 먹을 게 넉넉지 않았다. 하지만 감자 두 개를 손에 쥐게 되면 하나는 남에게 주겠다는 생각을 했다. 남한에 내려왔더니 먹을 게 너무나 풍족하다. 그런데 남한에서는 햄버거를 두 개 쥐고서도 하나를 남에게 주겠다는 생각은 하지 않는 것 같다. 그냥 먹다 남으면 쓰레기통에 버린다. 이윤이 생기지 않으면 하려고 하지 않는다. … 북한에 있을 때는 통일을 너무도 갈망했지만, 지금은 통일이 되면 과연 좋을지 나도 모르겠다."

이 땅에 아직 가난이 있는 이유는 하나님의 은혜가 부족해서가 아니라 인간들이 나누려 하지 않기 때문이다. 가난이 사라지게 만드는 것은 하나님의 책임이 아니라 우리의 책임이다. 우리의 할 바, 교회에 주신 하나님의 사명이다. "땅에는 언제든지 가난한 자가 그치지 아니하겠으므로 내가 네게 명령하여 이르노니 너는 반드시 네 땅 안에 네 형제 중 곤란한 자와 궁핍한 자에게 네 손을 펼지니라"(신명기 15:11) 가난한 자는 언제나 있을 것이니 반드시 그리고 항상 주라고 말씀하신다.

집사는 교회 안에 굶주리는 사람이 없게 해야 한다. 더 나아가 교회와 함께 살아가는 세상 중에 굶주리는 사람이 없게 힘써야 한다. 그렇게 함으로써 하나님의 자녀들이 성령 안에서 행하는 선한 일들이 세상에 드러나게 해야 한다. 하나님께 영광 돌리는 자들이 있음을 세상이 보게 해야 한다. 교회를 통해 세상의 궁핍함이 채워지는 과정을 통해서 우리가 누리는 모든 것이 하나님의 것임을 깨닫는 인생이 있다는 것을 증거해야 한다.

10

집사는
화평케 하는 자다

형제의 잘못을 발견했을 때 가장 먼저 해야 할 일은 무엇인가? 그를 정죄하고 추궁하며 책망하는 게 일반적인 과정이다. 추궁하고 책망함으로써 잘못을 깨닫게 하고, 잘못에 대한 대가를 감당하게 하고, 다시는 잘못을 반복하지 못하게 해야 한다는 생각에서 그렇게 하는 것이다.

잘못을 깨닫고 책임지게 해서 되풀이하지 않게 하는 것도 물론 중요하다. 하지만 이 과정에서 우리가 흔히 놓치는 것이 있다. 바로 사람이다. 잘못에만 집중하다가는 사람을 잃어버리기 십상이다. 그렇다고 인간관계 때문에 모른 척 넘어가는 것도 옳지 않다. 잘못한 사람을 죄 가운데 팽개치는 꼴이기 때문이다. 아픈 사람을 아프지 않다며 내버려두는 것과 같은 상황이다.

교회 안에서의 죄에 대한 대응

"네 형제가 죄를 범하거든 가서 너와 그 사람과만 상대하여 권고하라 만일 들으면 네가 네 형제를 얻은 것이요 만일 듣지 않거든 한두 사람을 데리고 가서 두세 증인의 입으로 말마다 확증하게 하라 만일 그들의 말도 듣지 않거든 교회에 말하고 교회의 말도 듣지 않거든 이방인과 세리와 같이 여기라"(마태복음 18:15~17) '너와 그 사람과만 상대하여', 즉 단둘이 이야기하라는 이유는 상대를 보호하기 위해서다. 상대방에 대한 배려다. 아이들도 그렇다. 여러 사람이 보는 앞에서 혼내는 것보다는 단둘이 있는 자리에서 따로 혼내는 것이 훨씬 상처를 덜 입힌다.

그래도 듣지 않으면 두세 명을 동반해 다시 한번 권고한다. '너의 주관적인 생각이 아니냐'는 반발에 대한 대응이다. 다른 사람의 견해를 듣게 해서 객관성을 입증하는 것이다. 물론 이때는 상대방도 인정할 만한 사람을 데려가야 한다. 내게 편하고 유리한 사람이 아니라 상대가 수긍할 만한 사람이어야 한다.

그다음 단계가 교회에 공식적으로 말하는 것이다. 객관적인 권위를 지닌 공동체가 공정한 판결을 하는 단계다. 어느 한쪽의 견해가 아니라는 점을 밝히는 것이다. 이렇게 되면 당사자는 교회 앞에서 잘못을 인정해야 하는 부담을 진다. 만일 그래도 잘못을 인정하지 않는다면 어떻게 하는가?

'이방인과 세리와 같이 여기라'고 하신다. 공동체 안에 있으나 공동체

안에 있지 않은 사람처럼 대하라는 것이다. 일종의 왕따다. 왜 그렇게 대하는가? 그의 잘못에 대한 대가를 치르게 하기 위해서인가? 아니다. 여전히 그가 깨닫고 다시 형제로서 회복되도록 하기 위해서다. 교회 차원에서 교인들이 그와의 친교 및 교류를 금하고 접촉을 피함으로써 그에게 다시 한번 회개하고 반성할 기회를 준다. 교회의 뜻을 분명히 하고 홀로 있게 함으로써 자신을 돌아보게 하는 것이다.

정죄와 심판이 목적이 아니라 반성과 회개가 목적이다. "두세 사람이 내 이름으로 모인 곳에는 나도 그들 중에 있느니라"(마태복음 18:20) 우리가 모이면 하나님도 함께 계신다. 그러니 교인들의 모임에는 늘 하나님의 마음이 함께하신다. "오직 주께서는 너희를 대하여 오래 참으사 아무도 멸망하지 아니하고 다 회개하기에 이르기를 원하시느니라"(베드로후서 3:9) 교인의 잘못을 바라보시는 하나님의 마음은 멸망이 아니라 회개다.

권고는 죄에 대해 심판하거나 책망하기보다는 깨닫게 하는 것이다. 잘못을 드러냄으로써 알게 한다는 의미다. 권고의 목적은 판단하고 질타하는 것이 아니라 형제를 올바르게 세우는 것이다. "너는 네 형제를 마음으로 미워하지 말며 네 이웃을 반드시 견책하라"(레위기 19:17).

집사는 섬기는 자다. 섬김은 화평케 하는 것이다. 죄를 짓거나 잘못을 했을 때 정죄하는 것은 섬김이 아니라 심판이며, 이는 하나님께 속한 것이다. 교인과 화해하고 하나님과 화해함으로써 화평을 이루도록 이끄는 것이 올바른 섬김이다. 형제 한 사람을 보내서 타이르고, 다시 두세 명을 보내서 타이르고, 다시 교회로 하여금 권면하게 한다. 그렇게 하는 이유는 그 잘못이 작아서가 아니라 그를 구원하기 위해서다. 그런 하나님의 마음을 알아 순종하고 따름으로써 화평을 이루는 것이다.

용서하는 이유

베드로가 물었다.

"주여, 형제가 내게 죄를 범하면 몇 번이나 용서해주리까? 일곱 번까지 하오리까?"

예수께서 대답하셨다.

"일곱 번뿐 아니라 일곱 번을 일흔 번까지라도 할지니라."

일곱 번을 일흔 번 용서한다면 사백구십 번을 용서하는 것이다. "만일 하루에 일곱 번이라도 네게 죄를 짓고 일곱 번 네게 돌아와 내가 회개하노라 하거든 너는 용서하라"(누가복음 17:4) 하루 동안에 일곱 번씩이나 죄를 짓고 용서를 비는 것은 사실 상식 있는 사람이라면 할 수 있는 행동이 아니다.

사람들이 살아가는 모습을 보면 '어떻게 하면 내가 좀 더 이익을 볼까? 내가 남들보다 더 편히 지낼 수 있는 방법은 뭘까?'를 고민하고 계산한다. 그 계산이 잘 안 맞으면 억울해하고 화를 낸다. 오래전 학교에서는 두 명이 한 책상을 썼는데, 책상에는 항상 반쯤 금이 그어져 있었다. 친구의 공책이 조금이라도 선을 넘어오면 왜 넘어왔냐며 연필로 낙서를 해서 응징하곤 했다. 지금 생각하면 별것도 아닌데, 그때는 그 나름대로 심각했다.

아이들만 그런 게 아니라 어른들의 세계도 마찬가지다. 좀 멀찍이서 바라보면 별것 아닌데, 당사자들은 목숨 걸고 다투면서 한 치도 양보하지 못하겠다고 으르렁대는 모습을 종종 보게 된다. 어느 한쪽이 한 발 양보하면 평화가 올 텐데 그게 쉽지 않다. 서로 네가 양보하라고 핏대를 올리기 때문이다. 그럴 때는 예수 믿는 사람이 양보하는 게 맞다. "인자가 온 것은 섬김을 받으려 함이 아니라 도리어 섬기려 하고 자기 목숨을 많은 사람의 대속물로 주려 함이니라"(마태복음 20:28).

우리가 용서하고 베풀고 양보하는 것은 우리 자신이 용서받고 은혜를 입고 양보를 받았기 때문이다. 양보하다가 나만 손해 보는 게 아니라는 말이다. 나는 하나님께 내가 양보하고 베푼 것 이상으로 후하게 받을 것이다. 사람만을 보고 생각하면 내가 손해 보는 것 같지만, 하나님을 생각하면 내게 엄청난 이익이다. 그렇기 때문에 하나님을 믿는 사람은 걱정 없이 용서하고 양보하고 베풀 수 있다. 그럼으로써 가정과 교회와 직장을 화목하게 하는 역할을 감당하는 것이다. 세상 사람의 눈으로 보면 속도 배알도 없이 손해 보는 짓이나 하는 것처럼 보이겠지만 말이다.

"주라 그리하면 너희에게 줄 것이니 곧 후히 되어 누르고 흔들어 넘치도록 하여 너희에게 안겨 주리라 너희가 헤아리는 그 헤아림으로 너희도 헤아림을 도로 받을 것이니라"(누가복음 6:38) 내가 용서하고 베푼 것 이상으로 하나님이 갚아주신다. 지금 당장 눈에 안 보여도 때가 되면 내 자손대에 이르러서라도 반드시 갚아주신다. 이게 바로 우리가 남을 무한히 용서하고, 남에게 베풀고 양보해야 하는 이유다.

집사는 구제를 통해 섬기는 자다. 주고 베푸는 집사의 사역 이면에는 하나님으로부터 받고 누리는 은혜가 있다. 그것은 없어질 세상의 보상이 아니라 영원한 하늘의 보상이다.

11

집사는
전도자다

집사의 직분을 맡은 스데반은 대제
사장을 비롯한 공회원들 앞에서 설교하고 예수님을 증거하다가 순교당
했다. 스데반 집사가 순교당한 뒤 빌립 집사는 사마리아 성으로 내려가
그들에게 그리스도를 전파했다. 사마리아 사람들은 빌립의 말과 행하는
표적에 따라 한마음으로 빌립을 따랐다. "빌립이 하나님 나라와 및 예수
그리스도의 이름에 관하여 전도함을 그들이 믿고 남녀가 다 세례를 받으
니"(사도행전 8:12).

그 뒤 빌립은 주의 사자의 이끌림을 받아 예루살렘에서 가사로 내려가
는 광야로 나아갔다. 그는 그 길을 가다가 에티오피아 여왕 간다게의 국
고를 맡은 관리인 내시를 만나 그에게 예수 그리스도를 전하고 세례를
베풀었다. "둘이 물에서 올라올새 주의 영이 빌립을 이끌어간지라 내시
는 기쁘게 길을 가므로 그를 다시 보지 못하니라 빌립은 아소도에 나타

나 여러 성을 지나다니며 복음을 전하고 가이사랴에 이르니라"(사도행전 8:39~40).

복(福)을 나누는 자

전도는 저주받은 인생에게 복을 나눠주는 행위다. "땅은 너로 말미암아 저주를 받고 너는 네 평생에 수고하여야 그 소산을 먹으리라"(창세기 3:17) 인생은 태어나서 고생하다 죽는 것이라는 말이 있다. 이 허무한 인생에 대한 인간들의 해결책은 이렇다. "돈을 많이 벌면 안 그럴 거야", "대통령이 되면 안 그럴 거야", "유명한 스타가 되면 안 그럴 거야", "맘껏 즐기고 하고 싶은 대로 하면 안 그럴 거야"…….

"그 후에 내가 생각해 본즉 내 손으로 한 모든 일과 내가 수고한 모든 것이 다 헛되어 바람을 잡는 것이며 해 아래에서 무익한 것이로다"(전도서 2:11) 모든 것을 다 해봤다는 솔로몬이 내린 결론이다. 저주받은 인생에서 벗어나는 길이 인간의 손 안에 있지 않다는 말이다.

"내가 너로 큰 민족을 이루고 네게 복을 주어 네 이름을 창대케 하리니 너는 복의 근원이 될지라 … 땅의 모든 족속이 너를 인하여 복을 얻을 것이니라 하신지라"(창세기 12:2~3) 하나님이 아브라함을 부르시고 복을 주신 데는 이유가 있었다. 하나님의 관심은 아브라함을 넘어 세상 모든 족속을 향하고 있었다. 아브라함은 저주 가운데 있는 세상 족속들에게 복을 나누어주는 전도자였다.

아브라함뿐만이 아니라 우리도 마찬가지다. 하나님이 내게 복을 주셨다면 거기에는 반드시 이유가 있다. "하나님은 우리에게 은혜를 베푸사 복을 주시고 그의 얼굴빛을 우리에게 비추사 주의 도를 땅 위에, 주의 구원을 모든 나라에게 알리소서"(시편 67:1~2) 하나님이 나에게 복을 주신 것은 혼자 잘 먹고 잘 살라고 주신 것이 아니다. 하나님의 구원 사역인 전도를 위해 주신 것이다.

하나님이 내게 주신 복이 다른 사람에게로 흘러가서 그들이 복을 누리게 함으로써 세상이 하나님을 알게 하는 것이 전도다. 구원의 복, 재물의 복, 능력의 복, 시간의 복을 사람들과 함께 나누라는 이야기다. 그럼으로써 세상이 하나님이 살아 계심과 구원하심을 알게 하라는 말씀이다. "그리스도께서 너희를 사랑하신 것 같이 너희도 사랑 가운데서 행하라"(에베소서 5:2).

만일 내게 주신 복을 하나님의 뜻대로 사용하지 않으면, 더 정확히 말해 전도를 위해서 사용하지 않으면 더 이상 하나님이 내게 복을 주실 이유가 없다. 그렇다면 그 결과가 어찌 되겠는가? "곁에 서 있는 자들에게 이르되 그 한 므나를 빼앗아 열 므나 있는 자에게 주라 … 무릇 있는 자는 받겠고 없는 자는 그 있는 것도 빼앗기리라"(누가복음 19:24, 26) 하나님의 뜻대로 회수해 가신다는 말이다.

진리를 증언하는 자

전도는 진리를 증언하는 것이다. 인간은 어디서 와서 어떻게 살다가 어디로 가는 것일까? 인간이라는 존재는 뜬금없이 어쩌다 보니 저절로 생겨난 게 아니다. "세상은 그로 말미암아 지은 바 되었으되 세상이 그를 알지 못하였고"(요한복음 1:10) 인간은 하나님께로부터 왔고, 이 땅에서 하나님의 뜻대로 살다가 마지막에는 하나님께로 돌아간다.

하나님께로 돌아가는 것, 즉 인간의 구원은 내 능력이나 지식, 재물, 업적으로 이루는 것이 아니라 하나님의 은혜로 주어지는 것이다. 인간이 자기 수양을 하고, 이상적인 사회제도를 만들어내고, 첨단과학기술을 개발해서 지구 환경을 개선한다고 구원을 이루는 것은 아니다. 돈 많이 벌고, 맘껏 즐기고, 세상에 이름을 날린다고 구원을 받을 것 같은가? 삶의 의미와 평안이 완성될 것 같은가? 죽음과 저주를 벗어나 진정한 행복을 누릴 것 같은가? 아니다.

인간의 본질은 욕망이 아니라 생명에 있다. 욕망의 충족이 삶의 목적이 아니라 생명을 살리는 게 삶의 목적이다. 선(善)의 본질은 육체와 영혼을 살리는 것이다. 인간의 오만은 선의 기준을 스스로 정할 수 있다고 주장하는 데서 나타난다. 하나님이 주신 양심이나 계명이 아니라 인간이 진화하면서 만들어가는 것이라고 말한다. 선이란 시대와 상황에 따라 변하고, 그때그때 힘센 인간이 결정하는 것이라는 이야기다.

인간이 합리적인 토론을 통해 합의한다는 것은 대단한 신화다. 합리적인 합의도 뭔가 절대적 기준(힘)이 있을 때나 가능하다. 서로의 욕망과 이익이 최선인 상황에서는 결국 돈이든 무력이든 학벌이든 신분이든 어떤 형태로든 힘센 자의 의도에 따라 결정될 뿐이다.

진화론에 대한 가장 큰 오해는 진화론이 과학적으로 입증되었다는 것이다. 골수 진화론자들은 진화론이 신앙이라는데, 일반인들은 과학적으로 입증된 사실이라고 생각한다. 상당수의 지식인조차 그렇게 믿고 있다. 정말 그럴까? 노벨 생리·의학상을 받은 진화론자 조지 월드(George Wald)의 말을 들어보자.

> 자연발생은 이미 120년 전에 파스퇴르에 의해 가능성이 없는 것으로 판정이 났다. 그러나 나는 철학적인 이유 때문에 신을 믿을 수 없다. 그래서 나는 과학적으로 불가능한 것을 선택했으며, 그것이 바로 생명이 우연히 발생하여 진화했다는 것이다.

또한 철학자 칼 포퍼(Karl Popper)는 이렇게 말했다.

> 진화론은 사실이 아니다. 진화론은 심지어 이론이나 가설이 될 자격조차도 없다. 형이상학적 프로그램일 뿐 실험할 수 있는 과학이론이 아니다.

진화론은 신념, 즉 믿음의 교리다. 진화론을 절대화하는 순간 종교가 된다. 신라 금관이 알 수 없는 자연선택을 통해 우연히 만들어졌다고 할 수 있는가? 철광석이 우연히 용암에 녹아서 철이 분리되고, 이리저리 요동치다 보니 자연선택을 통해 자동차 엔진이 만들어졌다고 주장한다면 그것을 과학적이라 하겠는가? 아니다. 그런데 원시 수프로부터 자연선택을 통해 세포가 우연히 저절로 만들어졌다는 주장을 과학이라 할 수 있겠는가?

금관이나 엔진이 우연히 만들어지는 게 쉬운가, 세포가 우연히 만들어지는 게 쉬운가? 비교가 안 된다. 어떤 유전적 돌연변이도 생명체에 없던 복잡한 기능을 새롭게 창조해낸 적이 없다. 기존 유전자가 망가지는 과정에서 비정상적인 기능이 생길 뿐이다. 생명체든 무생명체든 모든 조직체는 오랜 시간이 흐르면 저절로 망가지게 되어 있다(열역학 제2법칙).

세포를 만드는 것은 자동차를 만드는 것보다도 훨씬 어렵다. 너무 복잡해서 엄청난 기술과 지식을 필요로 한다. 그런데 그것이 또 우연히 심장이 되고 눈동자가 되고 핏줄이 되고 뇌가 되었다고? 기적도 이런 기적이 없다. 진화론은 기적으로 연명한다. 단지 그것을 슬쩍 우연, 오랜 시간, 자연선택으로 말 바꾸기를 했을 뿐이다. 하나님을 없애려고 억지를 부리다 보니 상상을 초월하는 지능을 가진 존재(하나님)만이 만들 수 있는 기적을 '오랜 시간만 지나면 우연히 저절로 무엇이든 다 만들어진다'는 동화로 바꾸어버렸다.

12

집사는 교회의
엔진(추진력)이다

인간이 가진 모든 것의 실체는 믿음이다. 인간은 눈을 믿고, 생각을 믿고, 기계를 믿고, 과학을 믿고, 철학을 믿고, 돈을 믿고, 책을 믿고, 종교를 믿는다. 그 믿음이 인간의 실체다. 그 믿음에 근거해서 각자 자기 세상을 만들어 나가며, 그것이 세상의 진짜 모습이라고 주장한다. 하지만 왜 그렇게 믿느냐고 따지면 결국은 '그냥 믿기로 선택했다'로 귀결될 수밖에 없다.

무엇을 믿을 것인가 하는 선택의 기로에서 우선순위를 어디에 두느냐의 문제로 인간은 끊임없이 시험을 받는다. 광야에서 예수 그리스도가 시험을 겪으셨듯이 말이다. "시험하는 자가 예수께 나아와서 이르되 네가 만일 하나님의 아들이어든 명하여 이 돌들로 떡덩이가 되게 하라"(마태복음 4:3).

떡이 진짜 살 길인지 하나님의 말씀이 진짜 살 길인지, 육신이 진짜 존재인지 영혼이 진짜 존재인지, 우연(오랜 시간)이 진짜 창조자인지 하나님이 진짜 창조자인지……. 인간은 누구나 자신의 믿음을 어느 쪽에 둘 것인지 결단해야만 한다. "너희가 어느 때까지 둘 사이에서 머뭇머뭇 하려느냐 여호와가 만일 하나님이면 그를 따르고 바알이 만일 하나님이면 그를 따를지니라"(열왕기상 18:21).

낙심하지 않는 추진력의 근원

인간에게 추진력의 근원은 믿음이다. 무엇을 믿느냐에 따라 삶의 추진력이 달라진다. 믿음은 행함을 동반하게 마련이다. 믿음에는 반드시 행동이 뒤따른다. 그래서 믿음은 행동의 충분조건이다. 행동으로 나타나지 않는다면 사실은 믿음이 없는 것이다. 나를 행동하게 하지 못하는 믿음은 믿음이 아니다. 나를 바꾸지 못하는 믿음도 믿음이 아니다. 믿음은 반드시 나를 행동하게 한다. 믿음은 반드시 나를 바꾸게 되어 있다. 내가 바뀌지 않는다는 것은 믿음(복음)이 실제가 아니라 단순한 지식에 머물러 있다는 뜻이다.

믿음이 단순한 지적 동의에만 머물렀을 때는 행동이 뒤따르지 않는다. 그런 믿음은 지적 유희에 불과하다. '빨간불은 서시오, 녹색불은 가시오'라는 교통신호에 대한 지식처럼 그저 '하나님의 사랑, 예수 그리스도의 대속'이라는 기독교 지식을 알 뿐이기 때문이다. 그래서 입으로는 "빨간불이면 서야죠" 하면서도 실제로는 빨간불이어도 그냥 가버리는 사람처럼 말로는 "예수 그리스도가 나의 주님입니다" 하고 고백하는데 실제 생활에서는 주(主)로 섬기는 행동이 나타나지 않는 것이다.

인간은 자기가 계획한 대로 일이 진행되고 결과가 나오기를 기대한다. 눈으로 직접 기대한 결과와 일의 완성을 보아야만 흡족해한다. 하지만 하나님의 생각은 다르시다. "하늘이 땅보다 높음 같이 내 길은 너희의 길보다 높으며 내 생각은 너희의 생각보다 높음이니라"(이사야 55:9) 하나님의 계획은 인간의 기대와 시선을 넘어선다.

하나님의 계획은 인간의 계획을 완성시키는 것이 아니다. 더 좋은 계획, 더 큰 계획을 세워두셨기 때문이다. 하나님은 인간이 기대하는 것보다 더 오랜 시간, 더 많은 이의 헌신을 요구하신다. 그래서 인간이 계획하고 의도하는 대로 완성에 이르지 못하는 것이다. 그러니 일이 제대로 안되었다고 현재의 처지와 상황을 탓할 것이 아니라 어떤 상황에서든 무조건 감사함으로 믿고 소망을 품을 일이다.

자기가 꿈꾸던 것을 직접 눈으로 확인하겠다는 것, 자기 손으로 반드시 이루겠다는 것은 하나님의 계획이 아니다. 설령 그것이 100퍼센트 온전히 하나님을 위한 것이라고 해도 그렇다. 하나님을 위해 이처럼 애쓰고 헌신하는데 왜 열매가 없냐고, 왜 이렇게 앞이 꽉 막히게 하느냐고 탄식할 일이 아니다. 하나님을 위한 헌신이 이처럼 무력하게 무너지면 결국 "하나님이 어디 있느냐"고 손가락질을 당할 게 아니냐고 따질 일도 아니다.

하나님이 정하신 때가 있고 하나님이 이루시고자 하는 계획이 있다.

그렇기 때문에 자기가 원하는 때에 반드시 계획했던 일의 결과와 완성을 보기를 기대하는 것은 인간의 과욕이요 하나님에 대한 불신이다. "여호와께서 나라들의 계획을 폐하시며 민족들의 사상을 무효하게 하시도다 여호와의 계획은 영원히 서고 그의 생각은 대대에 이르리로다"(시편 33:10~11).

그래서 여호와를 자기 하나님으로 믿는 자, 곧 하나님의 자녀로 선택된 자는 복이 있다. 하나님을 사랑하는 자 곧 그의 뜻대로 부르심을 입은 자들에게는 모든 것이 합력하여 선을 이루기 때문이다. 그러니 집사 직분을 맡은 자로서의 섬김이 때로는 힘에 부치고 자신이 의도하는 바와 전혀 다르게 흘러가더라도 낙심할 일이 아니다. "너희는 마음에 근심하지도 말고 두려워하지도 말라"(요한복음 14:27) 하나님 여호와가 우리와 함께 계신다. 아멘.

하나님을 향한 전심

"여호와의 눈은 온 땅을 두루 감찰하사 전심으로 자기에게 향하는 자들을 위하여 능력을 베푸시나니"(역대하 16:9) '불굴의 의지'라는 말이 있다. 굽힐 줄 모르고 포기하거나 좌절하지 않고 자기 뜻을 세워 행한다는 의미다. 세상이 아무리 살기 힘들고 어렵더라도 마음먹기에 달려 있다는 말도 있다. 어지간하고 웬만한 일은 끈기와 의지를 가지고 덤비면 못할

게 없다는 얘기다.

인생살이에서 난관은 내게 있다. 작심삼일(作心三日)이라 하지 않던가. 한 번 두 번 하다 보니 초심을 잃고 어느새 회의에 빠져든다. 세상을 다 삼킬 듯이 넘쳐나던 의욕이 상실되고, 어느 틈엔가 제풀에 의지가 꺾이고 마는 것이 문제다.

전심으로 하나님께 매달린다는 것은 다른 것을 생각하지 않는다는 것이다. 오직 하나님만이 희망이요 길이라고 믿는다는 뜻이다. 다른 무엇에 마음을 주지 않고 오직 하나님만을 바라보겠다는 결단과 의지를 드러내는 말이다. 하나님은 그렇게 전심으로 하나님을 향하는 자들을 위해 능력을 베푸신다고 했다.

기독교인들을 박해하던 로마가 결국 기독교 국가가 되었다. 놀라운 일이다. 세상이 바뀌었다. 로마제국의 중심인 콜로세움에서 굶주린 사자의 밥이 되었던 초대 교회 성도들은 세상을 바꾸기 위해서 죽은 것일까? 마침내 그들의 노고 덕분에 로마가 바뀐 것일까? 그들은 세상을 바꾸기 위해 죽은 게 아니라 자신들의 믿음이 세상에 의해 바뀌지 않도록 애쓰다가 죽었다.

하나님께 필요한 것은 세상에서 승리하는 자가 아니라 세상에 굴하지 않는 자다. 그리스도인의 기도와 외침은 세상을 바꾸기 위한 것이 아니라 세상에 의해 바뀌지 않기 위한 것이다. 그러니 세상이 뭐라고 하든 상관없이 전심으로 기도하고 외칠 일이다. 세상을 바꾸시는 분은 하나님이

바른 집사

시다. 믿음의 승리는 하나님을 향한 전심이 세상에 의해 바뀌지 않는 것이다. "세상을 이기는 승리는 이것이니 우리의 믿음이니라"(요한일서 5:4).

집사 직분을 감당할 때 무엇이든 그리스도께 하듯 한다면, 그런 마음으로 교인들을 대한다면 교회에 활력이 넘치게 될 것이다. 모두 하나님이 허락하신 것이니 무엇이든 주님을 대하듯 바라보고 주를 위하듯 사랑하자. 그게 집사가 품어야 할 마음이다.

주님, 무엇이든 주님이 주신 사랑으로 대할 수 있는 믿음을 주소서.

Chapter

0
2

집사의
롤모델

01

예언자의 사명을 가진
스데반

스데반은 초기 기독교 역사에서 빼놓을 수 없는 중요한 인물이다. 그는 교회가 세운 최초의 집사 가운데 한 명이었고, 최초의 순교자였다. 그가 흘린 피는 이방인의 사도였던 바울에게 지워지지 않는 흔적을 남겼다. 스데반이 죽은 뒤 초대 교회 일곱 집사와 사도들은 예루살렘을 떠나 아시아, 유럽, 아프리카 등지로 전도 여행을 떠났다. 이들의 여정은 기독교가 유대 지방을 벗어나 세계 제일의 종교가 되는 열매를 맺었다. 스데반이 죽음으로 뿌린 씨앗의 결과였다.

사도행전과 스데반의 순교

사도행전은 크게 다섯 부분으로 나뉘어 있다.

첫째 부분은 예수가 승천하고 성령이 강림한 사건을 다룬다. 초기 예수 공동체는 예수의 십자가 죽음으로 와해 직전에 놓았다. 제자들은 뿔뿔이 흩어졌고, 예수를 메시아라고 굳게 믿었던 사람들도 실의에 빠졌다. 그런데 부활한 예수를 목격한 사건과 성령 강림 사건은 절망한 예수 공동체에 생기를 불어넣었다. 예수처럼 십자가 형벌을 당하지는 않을까, 다른 유대인들에게 돌팔매질을 당하진 않을까 벌벌 떨며 숨어 지내던 제자들이 용기 충만해서 죽기를 각오하고 복음을 전파하기 시작했다.

둘째 부분은 초대 교회의 형성 과정을 다룬다. 예루살렘교회라고도 하는 초대 교회의 탄생은 예수와 제자들이 이뤘던 '유랑 공동체'와는 성격이 달랐다. 예수 공동체는 여러 마을을 떠돌아다니며 기적을 행하고 말씀을 전했다. 하나님의 나라가 왔다고 선포했다. 이들에게는 건물, 조직, 직분이 없었다. 제자들은 필요에 따라 역할을 분담했지만 전문성과 체계성이 없었다. 반면 초대 교회는 예루살렘을 기반으로 삼아 형성된 지역 공동체였다. 유대인 회당처럼 건물이 있었고, 매우 세밀한 조직을 갖췄으며, 교회 운영을 담당할 직분자도 세웠다. 오늘날 지역 교회의 원형이 탄생한 것이다.

셋째 부분은 집사 직분의 설치와 사도들의 전도 활동이다. 예루살렘교회는 경제 공동체로서 교인들은 각자의 재산을 팔아 교회에 기부했고, 모인 재물을 필요에 따라 나눴다. 그런데 재물이 쌓이자 예루살렘교회에도 잡음이 생겼다. 초대 교회는 출신에 따라 헬라파와 히브리파 유대인으로 나뉘는데, 헬라파 유대인들은 재정 지원과 교회 운영이 히브리파 유대인 중심으로 이뤄지는 데 불만을 품었다.

사도들은 전도 활동에 집중해야 했으므로 초대 교회에는 사도들을 대신해 재정 출납과 교회 운영을 담당할 새 지도자들이 필요했다. 중책을 맡기는 만큼 신망이 두텁고 모두의 존경을 받는 인물이어야 했다. 그렇게 선출된 사람들이 바로 초대 교회의 일곱 집사다. "온 무리가 이 말을 기뻐하여 믿음과 성령이 충만한 사람 스데반과 또 빌립과 브로고로와 니가노르와 디몬과 바메나와 유대교에 입교했던 안디옥 사람 니골라를 택하여"(사도행전 6:1).

넷째 부분과 다섯째 부분은 사도 바울의 등장과 그의 전도 여행 이야기다. 사도 바울의 등장은 일곱 집사 가운데 한 명인 스데반과 긴밀한 관계가 있다. 스데반은 기독교 역사에 기록된 최초의 순교자다. 그의 순교 현장에 하나님께서 이방인들을 위해 예비하신 전도자 바울이 죄인들의 옷을 들고 서 있었다. 성경은 바울이 스데반의 처형을 당연히 여겼다고 기록한다. 오히려 스데반의 죽음으로 더욱 피가 끓은 그는 그리스도인들을 박멸하기 위해 군사를 이끌고 다마스쿠스로 향한다. 사도행전의 저자 누가가 바울의 동역자이자 주치의였다는 점을 생각할 때 이 기록은 매우 정확한 것으로 볼 수 있다.

이후 바울은 설교에서 스데반의 순교 사건을 여러 차례 언급한다. 스데반의 순교는 어떤 형태로든 회심 이전의 바울에게 영향을 주었을 것이다. 스데반은 죽어가는 순간 예수님과 마찬가지로 자기에게 돌을 던진 사람들을 용서했다. 예수 그리스도의 사랑을 언어나 문자가 아닌 죽음으

로 보여준 것이다. 스데반의 죽음 이후 바울의 회심 장면이 배치된 것도
의미심장하다.

집사의 모범 스데반

"집사는 교회에서 무엇을 하는 사람입니까?"

누가 이렇게 묻는다면 스데반을 보라고 답하겠다. 성경에서 그의 등장
은 짧고 굵고 강렬했다. 그는 사도들과 초대 교회 교우들의 신망과 존경
을 한 몸에 받았다. 교회의 재정 출납이라는 중책을 맡았으며, 산헤드린
공회에서 장로들과 제사장들을 상대로 구약을 가지고 설교할 정도로 지
식도 깊었다.

사도행전 7장에는 공회에 잡혀 온 스데반이 유대교 장로들과 제사장
들에게 설교하는 장면이 나온다. 그는 교인들에게 신망과 존경을 받는
동시에 설교 능력도 갖춘 인물이었다. 구약과 율법의 전문가들인 유대교
장로와 제사장을 상대로 강론을 펼칠 만한 인물이 당시나 지금이나 몇이
나 되겠는가.

스데반의 죄목은 모독죄와 선동죄였다. 모세와 하나님을 모독하고 다
른 사람에게 율법을 어기라고 선동했다는 것이다. 이 대목에서 고대 아
테네의 한 인물이 떠오른다. 철학자 소크라테스다. 그도 아테네 시민이
믿는 신을 모독하고 교묘한 말로 젊은이들의 건강한 정신을 오염시켰다

는 이유로 사형선고를 받았다.

스데반은 그 부당한 혐의에 대해 마치 소크라테스의 변론처럼 긴 설교를 시작한다. 어쩌면 이미 사형선고를 예감했을지 모른다. 스데반의 설교는 지식과 논리로 무장한 동시에 유대교 장로와 제사장을 꾸짖는 내용이었다. 창세 이후로 지금까지 그들이 저지른 패악과 수많은 선지자를 박해한 내용을 고발하는 설교였다.

스데반의 설교는 사도행전 23장에 나오는 바울의 변론과는 대조를 이룬다. 후에 바울도 스데반과 마찬가지로 예루살렘 공회에서 재판을 받는데, 그는 로마 시민이자 바리새파인 자신의 출신과 율법 지식을 동원해 유죄 선고를 피했다. 바울은 공회에 모인 바리새파와 사두개파 사이를 이간하는 전략을 사용해 일부 바리새파의 지지를 얻어내는 데 성공했고, 그토록 염원하던 로마로 이송됐다. 바울은 성령이 그에게 지시한 대로 로마에서 순교 전까지 복음을 전파했다.

스데반의 설교에서는 이미 죽음을 각오한 사람의 결기가 느껴진다. 그런 의미에서 스데반은 구약에 등장하는 예언자들의 모습과 닮았다. 우리는 예언자 하면 미래를 내다보는 점쟁이(fortuneteller)를 떠올린다. 성경에서 말하는 예언자의 원말은 히브리어 '나비'다. 이는 미래를 내다본다는 의미가 아니라 하나님의 말씀을 듣는 사람을 뜻한다. 영어 번역의 '프로핏(prophet)'도 다르다. 즉, 성경에서 말하는 예언자는 위정자들과 대중을 향해 끊임없이 현실과 하나님 나라의 괴리를 지적하는 사람이었다. 왕이

바른 집사

정치를 잘못하거나 대중이 불의한 일을 저지르면 자신의 목숨을 내걸고 꾸짖는 사람이었다.

예수 그리스도는 구약의 예언을 성취함으로써 하나님께 순종했고, 스데반은 예언자의 삶을 따름으로써 하나님께 순종했다. 스데반이 보여준 것처럼 집사는 교회에 헌신하는 직분이자 복음 전파를 위해 순교해야 하는 사람이다. 날마다 현실과 하나님 나라의 괴리를 지적하는 사람이다. 때로는 핍박을 받더라도 끊임없이 하나님의 말씀을 전하는 사람이다. 누군가가 돌을 던지면 맞을 줄도 알아야 한다. 돌에 맞아 쓰러져 죽으면서도 용서하고 사랑할 줄 알아야 한다. 그런 점에서 집사는 교회가 세운 예언자(선지자)라 할 것이다.

"그들이 돌로 스데반을 치니 스데반이 부르짖어 이르되 주 예수여 내 영혼을 받으시옵소서 하고 무릎을 꿇고 크게 불러 이르되 주여 이 죄를 그들에게 돌리지 마옵소서 이 말을 하고 자니라"(사도행전 7:59~60).

02

선교의 사명을 가진
빌립

스데반의 순교로 초대 교회의 복음 전도는 전환점을 맞았다. 예루살렘에서의 기독교 박해는 점점 심해졌다. 교인 중 일부는 투옥됐고 다른 이들은 박해를 피해 뿔뿔이 흩어졌다. 전화위복이었다. 초대 교회의 교인들은 유대 지역에서 벗어나 아시아, 아프리카, 유럽 등지로 흩어져 복음을 전파했다. 이것이 기독교가 세계 종교로 발전하는 계기가 됐다. 만약 초기 기독교가 유대 지방에서 환영받고 유대교 전통 안에 흡수되었다면(하나님의 역사에서 가정이란 없지만) 오늘날 우리가 아는 기독교는 존재하지 않을 수도 있다.

이방 선교의 선구자 빌립

베드로에 앞서 이방인에게 복음을 전하고 세례를 준 이가 있다. 스데반과 함께 초대 교회의 일곱 집사였던 빌립이다. 빌립은 예루살렘교회에

닥친 박해를 피해 사마리아 성으로 피신했고, 사마리아 사람들에게 복음을 전파하기 시작했다.

빌립의 사마리아 성 전도 활동은 초기 기독교가 지역 종교의 한계를 뛰어넘는 데 중요한 역할을 했다. 사마리아 사람들은 원래 유대 사람들과 한 민족이었다. 사마리아인이란 바빌론 포로 사건 때 포로로 끌려가지 않고 유대 지방에 남았거나 이주 정착한 사람을 말한다. 바빌론 포로 생활이 끝나고 고국으로 돌아온 유대 사람들은 주변 종교와 인종을 받아들였다는 이유로 사마리아 사람들을 한 민족으로 인정하지 않았다. 그들이 '오염'됐다고 생각한 것이다. 유대 사람들은 사마리아 사람들과 말을 섞는 것조차 부정하게 여겼으며, 어떤 면에서는 이방인보다 사마리아인을 더 경멸했다.

빌립은 지역주의와 혈통주의를 뛰어넘었다. 유대 사람들과 같은 역사와 비슷한 전통을 지닌 사마리아 사람들도 아브라함과 모세의 자손이라고 주장했고 메시아를 기다렸다. 빌립은 그 메시아가 바로 예수 그리스도라는 사실을 전했다. 빌립의 사마리아 전도 활동은 박해를 받아 위축돼 있던 예루살렘교회에 생기를 불어넣었다.

사마리아 선교 활동이 성공을 거두고 있다는 소식을 전해 들은 베드로와 요한은 사마리아로 내려와 전도된 사마리아 사람들에게 세례와 안수기도를 했다. 이들에게도 성령이 내렸다. 사도행전은 백부장 고넬료와 사마리아 사람들이 성령받은 사건을 비중 있게 다루고 있다. 유대인이 아닌 이방인들이 최초로 세례와 성령을 받은 사건이기 때문이다.

빌립의 이방 선교 활동은 사마리아 성에 그치지 않는다. 성령의 이끌림을 받은 그는 사마리아 지역을 떠나 광야로 향하고, 그곳에서 에티오피아 내시를 만난다. 에티오피아 내시는 유대교로 개종한 이방인으로 보인다. 성경은 그가 예루살렘에서 예배하고 고국으로 돌아가는 중이었다고 말한다. 에티오피아 내시는 이사야 53장을 읽고 있었다. 선지자 이사야가 수난받는 그리스도에 대해 예언한 구절이다. 빌립은 그에게 이사야가 예언한 그리스도가 이미 왔으며, 그 사람이 예수님이라는 사실을 가르쳐준다. 에티오피아 내시는 그 자리에서 세례를 받고 회심했다.

에티오피아 내시 이야기에는 재미있는 야사가 얽혀 있다. 먼저 아프리카 대륙에 있는 에티오피아의 고관대작이 왜 예루살렘까지 와서 예배를 드렸는가 하는 점이다. 그 이유를 알려면 솔로몬 시대까지 거슬러 올라간다. 에티오피아 사람들은 자신들이 솔로몬과 에티오피아 여왕(시바 여왕)의 후손이라고 믿는다. 둘 사이에서 태어난 메넬리크 왕과 유대교 장로들이 에티오피아 왕국을 건설했다는 것이다. 이 전승에 따르면 그 당시 에티오피아도 유대교의 영향 아래 있었던 것으로 보인다.

다른 흥미로운 이야기는 에티오피아가 끊임없이 이슬람 세력의 침략과 지배를 받았는데도 현재 기독교 인구 비율이 높다는 점이다. 에티오피아의 인구는 약 1억 명인데, 그중 60% 이상(에티오피아 정교회 약 40%, 개신교 약 20%)이 기독교를 믿는다. 일부 역사가는 에티오피아에서 기독교 인구

비율이 높은 이유와 에티오피아 내시의 회심 사건이 연관성이 있다고 주장한다.

빌립에게 전도된 내시가 고국으로 돌아가 예수 그리스도의 복음을 전파했다고 상상해볼 수 있다. 만약 이 상상이 사실이라면 빌립과 에티오피아 내시의 만남은 에티오피아 전체에 복음의 씨앗이 뿌려진 중요한 사건이다.

최초의 평신도 선교사 빌립

이후 빌립의 여정은 성경에 두 번 정도 짧게 언급될 뿐 더 자세한 기록은 보이지 않는다.

"빌립은 아소도에 나타나 여러 성을 지나 다니며 복음을 전하고 가이사랴에 이르니라"(사도행전 8:40) "이튿날 떠나 가이사랴에 이르러 일곱 집사 중 하나인 전도자 빌립의 집에 들어가서 머무르니라 그에게 딸 넷이 있으니 처녀로 예언하는 자라"(사도행전 21:8~9).

에티오피아 내시와의 만남 이후 빌립은 여러 지방을 다니며 전도하다가 가이사랴에 정착했다. 역사가들은 보통 스데반의 순교 사건을 A. D. 30년쯤으로 추정하며, 사도 바울이 3차 전도 여행을 한 시기는 A. D. 60년쯤으로 추정한다. 이에 따르면 빌립이 이방 선교를 시작하고 사도 바울이 빌립의 가이사랴 거처에 머물 때까지는 30년의 시차가 있다. 누가는 이때 빌립에게 혼인하지 않은 네 명의 딸이 있었다고 증언한다. 생물학적 나이를 계산해보면 빌립은 가이사랴에 정착해 결혼하고, 교회를 이끌며 유복한 가정을 이뤘던 것으로 보인다.

가이사랴에서 빌립은 꽤 성공적인 목회를 한 것으로 보인다. 전도 여행 중이던 바울 일행에게 거처를 마련해줄 여유가 있었으며, 며칠 후 아가보 선지자가 사도 바울을 만나기 위해 빌립의 집을 찾아온 것으로 보아 예루살렘교회와도 활발히 교류했던 것으로 추측할 수 있다. 특히 빌립의 딸 네 명이 모두 예언하는 자였다는 것은 빌립 가족이 꽤 규모 있는 교회를 이끌었다는 점을 알려준다. 초기 기독교 공동체에는 목사직처럼 예언자 직분이 따로 존재했다.

빌립이 가이사랴에 정착했다는 사실만으로도 그가 초기 복음 전파에 큰 영향을 끼쳤다는 것을 알 수 있다. 당시 가이사랴는 유대 지방에서 로마로 향하는 최대 항구도시로서 베드로와 고넬료가 만난 곳이자 바울이 로마로 압송되기 전 머무른 곳이기도 했다. 로마와 유럽을 향하는 관문에 빌립이 정착했다는 것은 의미심장한 일이다. 가이사랴는 유대교 전통을 따르는 유대인들이 기피한 곳이었다. 가이사랴는 헤롯왕 때 지어진 신생 항구도시인데, 헤롯왕은 유대 지방에 로마와 같은 대도시를 건설하고 싶어 했다. 전통 유대인들이 이국의 향기가 물씬 풍기는 이곳을 싫어한 것은 당연했다. 가이사랴는 박해를 피해 뿔뿔이 흩어진 그리스도인들이 복음의 전초기지로 삼기에 안성맞춤인 도시였다.

빌립이 가이사랴에서 죽음을 맞았는지, 다시 이방 지역으로 선교 여행을 떠났는지는 확실하지 않다. 신뢰할 만한 기록이 남아 있지 않지만 전승과 일부 역사 기록에 따르면, 빌립은 네 딸과 함께 소아시아의 히에라볼리(터키의 파묵칼레)의 감독관으로 있다가 순교했다고 한다.

사도행전의 기록과 전승을 겹쳐볼 때 히에라볼리에 왔던 빌립은 집사 빌립일 가능성이 크다. 두 기록 모두에서 빌립에게는 미혼의 네 딸이 있었다는 내용이 나온다. 전승에서 빌립의 딸 둘은 빌립과 함께 히에라볼리에, 다른 둘은 에베소에 묻혔다. 빌립과 그의 가족은 죽을 때까지 이방 전도를 멈추지 않았던 것이다.

초대 교회의 일곱 집사 중 스데반이 예언자의 사명을 감당한 인물이라면 빌립은 선교의 사명을 누구보다 충실히 수행한 인물이다. 빌립은 누구보다 앞서 이방인들에게 복음을 전했다. 그는 예루살렘으로 돌아오지 않고 평생 이방을 떠돌며 전도했다. 그에게는 '최초의 평신도 선교사'라는 영예로운 명칭이 붙는다.

03

섬김의 사명을 가진
뵈뵈

몇 해 전 친분 있는 목사와 대화를 나눈 적이 있다. 그는 경기도에서 꽤 규모 있는 교회를 담임하고 있는데, 교인들이 옛날 같지 않아서 목회하기가 힘들다고 했다. 내용을 들어보니 교인들이 사사건건 문제를 제기하며 따지고 드는 통에 마음 상할 때가 한두 번이 아니라고 했다.

교인들이 똑똑해서 교회에 관심이 많으면 좋은 거 아니냐며 너털웃음으로 대답했지만, 그의 눈빛에서 목회 활동의 고단함을 느낄 수 있었다. 그의 마지막 말이 기억에 남는다.

"뵈뵈 같은 집사님 열 명만 있어도 따로 교회를 하고 싶어요."

농부는 밭을 탓해서는 안 된다고 하지만, 목회자도 사람인 이상 때로는 밭을 탓하고 싶고 교인을 탓하고 싶은 게 인지상정이다.

바울은 세 차례에 걸쳐 전도 여행을 했고, 그 과정에서 수많은 동역자를 만났다. 다음에 소개할 세 명의 집사도 바울이 전도 여행 중에 만난 동역자들이다. 이들은 출신, 성별, 직업, 배경이 제각기 달랐지만 하나같이 하나님의 충실한 일꾼으로서 바울의 전도 사역을 물심양면으로 도왔다. 나아가 전 세계 각지에 초기 기독교 공동체가 세워지는 데 이바지했다.

가장 먼저 소개하고 싶은 사람은 뵈뵈 집사다. 사도 바울은 평생 로마에 가기를 원했다. 당시 로마는 세계의 중심지이자 꿈의 도시로 가장 발달한 도시였으며, 모든 학문과 사상, 권력이 집중돼 있었다. 바울은 바로 이 세계의 중심에 복음의 씨앗이 뿌려지기를 바란 것이다. 그것은 성령이 바울에게 내린 사명이기도 했다. 실제로 그의 오랜 전도 여정도 로마에서 마침표를 찍었다.

사도 바울은 로마에 가기 전 그곳에 있는 그리스도인들에게 긴 편지를 썼다. 당시 로마의 지하교회에는 제대로 된 지도자가 없었고, 다른 이방 교회처럼 교인 간에 불화와 갈등이 존재했다. 바울은 자신이 로마에 당도하기 전 그곳의 그리스도인들에게 복음의 요체를 설명할 필요가 있다고 느꼈고, 그렇게 해서 집필한 것이 바로 로마서다. 오늘날 로마서는 바울이 자신의 신학을 집대성한 신학서이자 기독교 복음의 요체가 담긴 위대한 저서로 꼽힌다.

바울이 집필한 로마서를 로마의 그리스도인들에게 전달하는 데 결정적인 도움을 준 사람이 바로 최초의 여자 집사로 불리는 뵈뵈다.

최초의 여자 집사

겐그레아는 고린도에서 남동쪽으로 10㎞쯤 떨어진 항구도시다. 바울은 아굴라와 브리스길라 부부와 함께 고린도에 교회를 세웠는데, 이와 거의 비슷한 시기에 겐그레아에도 교회가 세워진 것으로 보인다.

성경에서 뵈뵈의 이름이 등장하는 구절은 로마서 16장 1~2절이 전부다. 이를 통해 뵈뵈가 어떤 사람이었으며, 어떤 사역을 담당했는지 추측할 수밖에 없다. 우선 바울은 뵈뵈를 겐그레아 교회의 일꾼(집사 또는 종)이라고 소개한다. 이는 초대 교회의 일곱 집사를 소개하는 용어와 같아서 매우 특별한 경우라고 할 수 있다.

성경에서 여인에게 '집사(디아코노스)'라는 칭호를 붙인 사례는 뵈뵈가 최초다. 초기 기독교 공동체에서 집사는 교회를 대표하는 직책이었다. 교회 운영을 담당하는 한편 교인들에게 교리를 가르치고, 교인 간의 갈등과 분쟁을 해결하는 역할을 했다. 교회를 대표하는 감독관, 목회자라고 봐도 무방하다. 그 당시는 여성이 인간 이하로 취급받던 시대여서 사람 수를 셀 때도 여성은 포함되지 않았다.

이것은 뵈뵈가 겐그레아 교회에서 얼마나 신망과 존경을 받았는지 알 수 있는 대목이다. 그녀는 초대 교회의 일곱 집사처럼 교회의 재정 출납을 관리하고, 교인들에게 교리를 가르쳤을 것이다. 여기서 초기 기독교 공동체가 얼마나 혁명적이고 사회 개혁적 성격을 지녔는지 짐작할 수 있다.

4복음서에 등장하는 여인들은 누구보다 예수님의 충직한 종이었다.

자신의 재산을 모두 팔아 예수 공동체를 섬겼으며, 예수님의 빈 무덤을 가장 먼저 찾아간 사람도 여인들이었다. 하지만 이들은 예수 공동체의 지도자로 추대를 받지는 못했다. 남녀차별이라는 시대의 한계 안에서 조력자 역할을 했을 뿐이다.

이후 사도행전에 들어와 수많은 여성 교회 지도자가 등장한다. 이들은 교회를 세우고, 교회의 선생이 되었으며, 사도들의 사역을 일선에서 도왔다. 초기 기독교 공동체에서는 주인과 노예, 할례자와 무할례자, 유대인과 이방인, 남성과 여성의 구분과 차별이 무참히 깨졌다.

바울은 뵈뵈를 가리켜 자신의 '보호자'라고 말한다. 이때 보호자는 후견인 또는 후원자라는 의미가 강하다. 전도 여행으로 지친 바울과 그 일행에게 의복과 음식, 기거할 거처를 마련해주었다는 의미다. 이로 보아 뵈뵈는 상당한 재력가였을 가능성이 크다. 당시 겐그레아는 항구도시로 무역업이 발달해서 유럽과 아시아를 오가는 상인들의 물품과 동서양의 여러 사상이 들어왔다.

뵈뵈는 겐그레아에서 예수님을 영접하고 전 재산을 털어 교회를 섬겼을 것이다. 뵈뵈의 보살핌 덕분에 바울은 로마서 집필에 집중할 수 있었다. 또한 로마서의 전달자로 뵈뵈를 보냈다는 데서 그녀에 대한 바울의 신망과 믿음이 얼마나 컸는지를 알 수 있다. 바울은 이에 그치지 않고 로마 교회의 지도자로 뵈뵈를 추천한다. 로마의 그리스도인들에게 합당한 예절로 뵈뵈를 맞을 것과 뵈뵈가 말하는 대로 믿음 생활을 할 것을 부탁

한다. 바울은 뵈뵈야말로 자신의 신학과 복음의 요체를 로마 교회에 제대로 정착시킬 인물이라고 생각했다.

섬기는 사람 뵈뵈

뵈뵈라는 이름은 '순결함', '맑고 깨끗함'을 뜻한다. 실제 이름인지 애칭인지는 정확히 알 수 없으나 이름을 통해 그녀의 성품을 유추해볼 수 있다. 이는 초기 기독교 공동체에서 집사에게 요구되는 성품과 일맥상통한다. 당시 집사는 목회자의 역할은 물론 행정가의 역할까지 담당했다. 앞서 말한 대로 교회의 모든 재정 출납을 관리하고, 필요에 따라 교인들에게 재물을 나누어주는 일도 했다. 이는 개인의 능력만큼이나 교인들의 존경과 신망이 필요한 직분이었다. 재정 출납을 집행하는 데 정직해야 하고, 말씀을 가르치는 데 사심이 없어야 했다.

뵈뵈는 물질로 교회에 헌신한 사람이었다. 초대 교회에서는 자신의 재물을 모두 교회에 내놓고 통용하는 사람이 많았는데, 뵈뵈도 그중 하나였다. 그녀는 바울 일행에게 거처할 집을 마련해주고 의복과 음식을 제공했다. 또한 스스로 로마로 가는 메신저의 역할을 감당했다. 삶의 터전인 겐그레아를 버리고 로마로 가는 험한 여정을 선택한 것이다. 고향에서 한평생 일군 재산과 배경을 버리지 않고서는 할 수 없는 일이었다.

뵈뵈는 무엇보다 섬기는 사람이었다. 사실 집사라는 명칭, 즉 디아코노스는 '섬기는 사람'을 뜻한다. 이는 집사뿐만 아니라 모든 그리스도인에게 요구되는 성품이다. 섬기는 사람이라는 말은 마태복음 20장에서 나온다. 예수님은 높은 자리에 욕심을 내는 제자들에게 다른 사람의 종이 되고 섬기는 자가 되라고 분명하게 말한다. 이러한 예수님의 가르침은 초기 기독교 공동체에 그대로 통용됐다.

교회마다 직분을 받으면 목에 힘이 들어가는 사람이 있다. 안수집사네 권사네 장로네 하며 고관대작이라도 된 듯 행동한다. 교회가 잘되려면 세상과 반대 방향으로 가면 된다. 교회 직분은 권력이 아니라 가장 낮은 자리다. 섬김을 받는 자리가 아니라 섬기는 자리다.

뵈뵈는 물질로 교회를 섬겼을 뿐만 아니라 자신의 목숨을 걸고 로마로 가서 사도 바울의 자리를 대신했다. 2천 년 전에 여자의 몸으로 겐그레아에서 로마까지 가는 여정은 결코 쉽지 않았을 것이다. 뵈뵈의 헌신이 없었다면 사도 바울의 신학이 집대성된 로마서는 존재하지 못했을 것이다.

하나님은 이렇듯 섬기는 자를 통해 자신의 역사를 이루어가신다.

04

충직함의 사명을 가진
두기고

두기고와 에바브로디도. 두 집사는
사도 바울의 전도 사역을 도운 사람들 가운데 단연 눈에 띄는 활약을 펼
쳤다. 특히 두기고는 바울이 로마 감옥에 갇혔을 때 끝까지 그의 곁을 지
키며 손과 발이 되어주었다. 에베소와 골로새에 바울의 서신을 전달했으
며, 그의 사역을 위해서라면 목숨을 바치는 일도 마다하지 않았다.

바울은 세 차례에 걸친 전도 여행을 마치고 드디어 로마에 입성했다.
하지만 자유인 신분이 아닌 죄인의 신분이었다. 바울은 두 차례에 걸쳐
투옥되는데, 첫 번째 투옥은 A. D. 60년쯤으로 추정한다. 이때만 해도
기독교는 별다른 박해를 받지 않았다. 바울은 사람들과 자유롭게 교류했
고, 로마 시민들에게 복음을 전할 수 있었다.

당시 로마는 종교의 자유를 허락했다. 처음 기독교가 전파되었을 때
로마 시민들은 크게 동요하지 않았다. 으레 새로운 신을 믿는 종교가 생
긴 것으로 여겼다. 그런데 기독교의 교세가 확장되자 로마 당국은 골머

리를 잃기 시작했다. 기독교는 예수 그리스도 외에는 구원이 없다고 주장하면서 다른 신을 섬기는 것을 우상숭배로 간주했다. 이는 로마의 종교 포용 정책과 상반되는 입장이었다.

기독교의 유일신 사상은 황제 권력에 대한 도전이기도 했다. 당시 로마인들은 황제를 신격화했다. 황제가 죽으면 신이 된다고 믿었다. 하지만 기독교인들은 다른 종교의 신들을 배격한 것은 물론 황제의 권력조차 중요하게 여기지 않았다. 또한 만인이 하나님 앞에 평등하다고 믿었다. 그러자 회심한 로마 귀족들은 노예를 해방했고 그들과 친구가 되었다. 노예제도를 통해 막대한 부와 풍요로움을 누리던 로마 당국자들은 기독교를 반란 사상으로 인식하기 시작했다.

바울의 2차 투옥은 로마에서 기독교 박해가 극심해진 A. D. 64년으로 추정한다. 64년 7월 18일, 로마에서는 대화재가 발생했다. 화재는 무려 9일 동안이나 계속되었고, 로마 시내의 3분의 2가 화마로 사라졌다. 민심은 흉흉할 대로 흉흉해졌다. 시민들 사이에서는 네로 황제가 일부러 방화를 했다는 괴담마저 돌았다. 그러자 네로 황제는 들끓는 민심을 누그러뜨릴 묘책을 생각해냈다.

마침 로마 시민들은 기독교인들을 부정적인 시각으로 바라보고 있었다. 네로 황제는 대화재의 책임을 기독교인들에게 돌렸다. 시민들의 불만을 잠재우기 위해 기독교인들을 잡아들여 시민들이 보는 앞에서 고문을 하거나 사형에 처했다. 역사가들은 이 시기에 베드로와 바울이 다른 기독교인과 마찬가지로 순교한 것으로 추정한다.

끝까지 바울 곁을 지킨 두기고

두기고라는 이름에는 '행운의 아이'라는 뜻이 있다. 사도행전에 따르면 그는 아시아인이며, 전도 여행 중에 바울을 만나 회심한 후 그를 따라다녔던 것으로 보인다. 두기고는 매우 충직한 사람이었으며, 바울의 분신 같은 존재였다.

로마의 박해가 심해지자 바울을 따르던 수많은 기독교인이 로마를 떠나기 시작했다. 예수님이 산헤드린 공회에 잡혀가자 그의 제자들이 뿔뿔이 흩어졌던 것처럼 바울의 동역자들도 살길을 찾아 바울 곁을 떠났다. 그런 가운데서도 두기고는 누가, 에바브로디도 등과 함께 바울 곁을 꿋꿋이 지킨 몇 안 되는 동역자였다.

두기고는 바울의 손과 발이 되었다. 가택연금을 당한 상태였던 바울은 에베소 교회에서 갈등이 발생했다는 소식을 들었다. 바울이 에베소 교인들에게 쓴 에베소서는 교회에서 교인은 한 몸, 한 지체라는 것을 특히 강조하고 있다. 후대 성경학자들은 에베소 교인들이 헬라파와 히브리파로 나뉘어 싸움을 벌인 게 아닌가 추측한다.

에베소 교회를 향한 바울의 애정은 남달랐다. 그는 전도 여행 중 두 차례에 걸쳐 에베소 교회를 방문했다. 특히 두 번째 방문에서는 에베소에

3년이나 머무르며 직접 교회를 이끌었다. 마지막 전도 여행을 앞두고서는 에베소 교회 장로들을 모아놓고 강론을 하기도 했다.

바울은 에베소 교회의 안정을 위해 두기고를 보냈다. 두기고는 바울이 전도한 교회에 문제가 생길 때마다 주저 없이 달려가 분쟁을 해결하고 안정을 찾게 해주었다. "나의 사정 곧 내가 무엇을 하는지 너희에게도 알리려 하노니 사랑을 받은 형제요 주 안에서 진실한 일꾼인 두기고가 모든 일을 너희에게 알리리라 우리 사정을 알리고 또 너희 마음을 위로하기 위하여 내가 특별히 그를 너희에게 보내었노라"(에베소서 6:21~22).

바울은 골로새 교회가 이단과 경제적 어려움에 부딪쳤을 때도 두기고를 보냈다. 두기고는 분쟁으로 마음이 상하거나 회의에 빠진 교인들에게 평안과 믿음을 되찾아준 인물이었다. 그는 바울을 끝까지 지킨 충직한 동역자였으며, 바울을 대신해 그의 편지와 마음을 전달한 사람이었다. 이는 매 순간 죽음에 노출되는 위험한 사역이었다. 언제 로마 병사들에게 끌려가 죽임을 당할지 몰랐고, 강도와 들짐승을 만나 객사할 수도 있었다. 하지만 두기고는 한 번도 바울의 사역을 거절하지 않았다. 그의 헌신과 충직함 덕분에 로마와 소아시아에서 복음이 꽃필 수 있었다.

충실한 일꾼의 모범 두기고

두기고의 충직한 성품을 가장 잘 보여주는 점은 그가 바울의 옆자리를 고집하지 않았다는 것이다. 로마 1차 투옥에서 석방된 바울은 니고볼리로의 제4차 전도 여행을 계획했다. 바울은 그 전도 여행에 동반할 사람으로 그레데 교회에서 사역하던 디도를 떠올렸다. 그래서 자신의 충직한 동역자 두기고는 그레데로 보내고, 디도를 니고볼리로 오게 했다.

바울은 함께 전도 여행을 할 동역자로 자신의 옥바라지를 맡고 에베소와 골로새까지 다녀온 두기고가 아닌 디도를 선택했다. 바울은 이러한 선택을 한 번 더 했다. 로마에서의 2차 투옥 후 바울은 자신의 죽음을 예감했다. 두기고는 이때도 바울 곁을 지키고 있었다. 하지만 바울은 두기고를 에베소 교회로 보내고 디모데와 마가를 불러들였다. 두기고는 두 번이나 누군가를 대신해 사역을 한 것이다.

어쩌면 두기고는 전도보다 교회 사역에 더 어울리는 사람이었는지도 모른다. 바울은 여러 차례에 걸쳐 두기고를 '진실한 일꾼'이라고 소개한다. 여기서 '진실함(피스토스)'은 처음과 끝이 꾸준하다는 의미다. 두기고는 마음이 강직하고 변함없는 사람이어서 교인들의 신뢰를 받았다. 또한 두기고에게는 위로의 은사가 있었다. 바울은 두기고를 교회에 보내면서 언제나 교인들에게 위로를 주기 위해서라고 말했다. 에베소와 골로새 교회에 문제가 생겼을 때도 두기고가 갈등과 분쟁을 해결했다.

바울에게 두기고는 친형제와도 같은 사람이었다. 바울은 골로새에 보내는 편지에서 두기고를 '사랑받는 형제(아델포스)'라고 소개했다. 당시 '아델포스'는 같은 어머니에게서 태어난 친형제에게 쓰는 말이었다. 바울이 두기고를 얼마나 신뢰하고 사랑했는지를 알 수 있는 대목이다.

두기고의 마지막에 대한 기록은 남아 있지 않다. 바울이 순교한 뒤 니고볼리에서 교회를 이끌었다는 전승만 있을 뿐이다. 다만 확실한 것은 두기고만큼 바울을 물심양면으로 섬긴 동역자는 없다는 것이다. 그는 누구보다 충직한 일꾼이었고, 하나님의 일을 믿고 맡길 수 있는 사람이었다. 충직함은 교회를 섬기는 집사에게 꼭 필요한 덕목이다.

05

헌신의 사명을 가진
에바브로디도

성경에 등장하는 헌신적인 집사 가운데 마지막으로 소개할 사람은 에바브로디도다. 에바브로디도는 두기고와 마찬가지로 로마 감옥에 갇힌 바울을 헌신적으로 보살폈다. 또한 빌립보 교회에 바울의 서신을 전달해 오늘날 빌립보서가 존재하는 데 기여했다. 무엇보다 그는 하나님의 일을 하다 중병에 걸렸으면서도 끝까지 수행한 사람이었다.

에바브로디도는 빌립보 교회의 집사였다. 바울이 로마 감옥에 갇혔다는 소식을 들은 빌립보 교인들은 헌금과 선물을 준비했고, 에바브로디도가 전달자 역할을 맡았다. 바울에게 선물을 전한 에바브로디도는 빌립보로 돌아가지 않고 로마에 남아 바울의 사역을 도왔다. 『신약성경』의 빌립보서는 바울이 에바브로디도를 빌립보 교회로 돌려보내며 교인들에게 당부의 말을 적은 편지다. 역사학자들은 바울이 빌립보서를 로마에서 2차 투옥되어 순교하기 직전에 쓴 것으로 추정한다.

에바브로디도의 헌신과 빌립보 교회

빌립보 교회는 바울이 제2차 전도 여행 중에 세운 교회다. 교회가 세워지는 과정도 매우 극적이었다. 어느 날 밤 바울은 환상을 보았다. 환상 속에서 마게도냐 사람 하나가 바울에게 도와달라고 부탁했다. 바울은 이 환상을 마게도냐에서 복음을 전파하라는 성령의 메시지로 받아들였다. 마게도냐의 첫 도시인 빌립보에 도착한 바울은 그곳에서 루디아라는 여인을 만났다. 바울에게 복음을 전해 들은 루디아는 회심하고 세례를 받았고, 바울이 강론을 하며 머무를 수 있도록 자신의 집을 내주었다. 유럽 최초의 교회가 탄생한 순간이었다.

빌립보 교회는 유럽 최초의 교회이자 전 유럽에 복음을 전파한 전초 기지였다. 빌립보 교인들은 바울의 전도 사역을 물심양면으로 지원했다. 사역 현장에서 전도 중인 바울에게 헌금을 하는 것은 물론 여행에 필요한 물품도 지원했다. 그때마다 에바브로디도가 헌신했다.

바울은 편지에서 에바브로디도와 빌립보 교회의 헌신을 여러 번 칭찬했다. 빌립보 교회는 이처럼 바울의 첫 열매이자 든든한 후원 교회였다. 하지만 빌립보 교회에서도 분쟁과 갈등이 일어났다. 바울이 옥중에서 빌립보서를 쓴 이유도 자신의 첫 열매인 빌립보 교회의 갈등과 분쟁을 봉합하기 위해서였다.

빌립보서를 보면 당시 빌립보 교회에 어떤 문제점이 있었는지 유추해 볼 수 있다.

첫째, 바울의 투옥과 로마의 기독교 박해로 빌립보 교회 안에서 큰 동요가 일었던 것으로 보인다. 교회에서 목회자와 지도자들이 어려운 일을 당하면 교인들이 동요하게 마련이다. 초기 기독교 공동체도 마찬가지였다. 바울이 로마 감옥에 갇히고 수많은 기독교인이 박해를 받자 빌립보 교인들도 의심을 품기 시작했다. 바울은 편지를 통해 자신이 감옥에 갇히고 고난을 받는 이유가 그리스도의 영광을 위해서라고 말했다. 또한 순교와 고난은 복음 전파를 위해 꼭 필요한 과정이라고 설명했다.

둘째, 빌립보 교인들 사이에서 할례 문제로 갈등이 생겼던 것으로 보인다. 이는 초기 기독교 공동체에서 흔히 드러나는 문제였다. 헬라파와 히브리파 유대인들은 서로 다른 관습과 전통으로 인해 갈등했고, 이방인 개종자와는 할례 문제로 다툼이 잦았다. 유대인들 중 회심한 사람들은 대부분 유대교의 전통 안에서 성장한 사람들이어서 할례를 중요시했다. 할례는 자신이 하나님에게 드려진 사람이라는 가장 분명한 표징이었다. 그런데 빌립보 교회는 유럽에 있었으므로 이방인 개종자들이 많았을 것이고, 이들이 유대교 전통 안에서 성장한 지도자들과 마찰을 일으킨 것은 당연했다.

바울은 빌립보서 3장에서 할례파와 무할례파의 갈등을 봉합하려고 노력한다. 그는 자신 또한 할례를 받은 사람이고, 유대교 전통 안에서 교육받고 자란 사람이라고 강조했다. 그런 다음 구원은 할례를 통해서가 아니라 오직 믿음으로 가능하다고 말했다. 바울은 빌립보 교인들에게 할례 문제로 다투지 말고 오직 그리스도의 고난에 참여하는 일에 집중하라고 말했다.

빌립보 교회는 바울의 서신과 에바브로디도의 복귀로 점차 안정을 찾아갔다. 전승에 따르면 바울이 순교한 뒤 그의 양자였던 디모데가 빌립보로 와서 교회를 이끌었다. 디모데는 교회의 지도자로서 빌립보 지방의 우상숭배를 비판하다가 순교했다. 지금까지도 빌립보 광장에는 당시 교회 터가 남아 있다. 세월이 많이 흘러 건물은 사라지고 없지만, 남은 흔적으로 보아 엄청난 규모였을 것으로 추정된다. 에바브로디도의 헌신 덕분에 빌립보 교회는 유럽을 향한 복음 전파의 전초기지로 오랫동안 굳건할 수 있었다.

죽을병에 걸렸던 에바브로디도

에바브로디도는 바울이 전도 여행 중에 곤란한 일을 당하거나 감옥에 갇혔을 때 빌립보에서 달려가 도움을 준 헌신적인 인물이었다. 바울이 빌립보서를 쓸 당시에는 로마에서 기독교인에 대한 박해가 최고조에 달했다. 이런 상황에서 에바브로디도가 얼마나 힘들고 어려운 사역을 담당했을지 유추하기는 어렵지 않다. 엎친 데 덮친 격으로 에바브로디도는 중병에 걸려 죽을 상황에 놓였다.

에바브로디도가 무슨 병에 걸렸는지는 정확히 알 수 없다. 다만 바울은 "그가 병들어 죽게 되었으나"라고 말했다. 에바브로디도는 로마에서 바울의 전도 사역을 돕고 옥바라지를 하던 도중 중병으로 쓰러졌다. 병의 증세는 매우 위중했던 것으로 보인다. 에바브로디도의 발병 소식을 전해 들은 빌립보 교인들은 실의에 빠졌다.

교회 생활을 하다 보면 슬프고 가슴 아픈 일을 자주 보게 된다. 평생 교회를 섬겼는데 집안에 우환이 닥치거나 건강을 잃는 교우들도 적잖이 본다. 젊은 나이에 장애를 얻거나 불치병에 걸리는 교인도 있다. 해외로 나갔던 선교사들이 난치병을 얻어 돌아오는 경우도 많다. 이런 일이 있을 때마다 교인들은 열병을 앓는다. 어떤 이는 하나님을 원망하고 회의에 빠지기도 한다. 목회자를 탓하거나 교회를 옮기기도 한다.

하지만 믿음의 사람 에바브로디도는 실망하거나 회의에 빠지지 않았다. 바울은 "그가 그리스도의 일을 위하여 죽기에 이르러서도 자기 목숨을 돌보지 않았다"고 말했다. 에바브로디도는 죽을병에 걸렸는데도 끝까지 바울 곁을 지키며 고된 하나님의 일을 수행했다. 믿음의 크기는 환란이 닥쳤을 때 비로소 실체를 드러내는 법이다.

에바브로디도는 결국 고향 빌립보로 무사히 돌아갔다. 바울은 "그가 병들어 죽게 되었으나 하나님이 그를 긍휼히 여기셨고 그뿐 아니라 또 나를 긍휼히 여기사 내 근심 위에 근심을 면하게 하셨느니라"라고 썼다. 전승에 따르면 에바브로디도가 빌립보 교회에 돌아갔을 때쯤 바울은 참수를 당했다. 그는 바울의 마지막 때가 임박했을 때까지 함께한 사람이다.

바른 집사

죽을병에 걸렸던 에바브로디도는 살고, 그를 걱정했던 바울은 죽어 복음의 씨앗을 땅에 뿌렸다. 하나님의 역사는 역설과 전복을 통해 임한다. 언제나 우리의 상식과 생각을 뛰어넘는다. 에바브로디도의 입을 통해 빌립보 교인들에게 전해졌을 바울의 고난과 죽음의 이야기를 상상해보자. 세계 최고의 도시 로마에서 펼쳐지는 성령의 역사를 증언하는 그의 모습을 상상해보자. 바울은 하나님의 일을 위해 지원을 아끼지 않은 빌립보 교인들을 늘 칭찬하고 축복했다. 에바브로디도의 무사 귀환은 빌립보 교인들에게 내려진 축복이자 위로였다.

사도행전과 바울 서신서에는 이 외에도 교회를 위해 헌신한 수많은 인물이 등장한다. 사도행전은 2천 년 전의 이야기가 아니다. 성령의 역사는 그때도 지금도 이어진다. 그것은 현재 우리의 이야기고 앞으로 새롭게 써나갈 이야기다.

06

복음으로
노예해방에 앞장선
윌버포스

17~18세기 영국 사회는 산업화와 물질만능주의가 팽창하던 시기였다. 사회 전반에 걸쳐 도덕적 타락 현상이 나타났다. 빈부격차가 극심해졌고, 아이들은 공장으로 내몰렸으며, 도시는 환경오염으로 신음했다. 무엇보다 인간을 돈벌이 수단으로 이용하는 노예제도가 성행했다.

당시 영국은 식민 지역에 설탕·철강·면화 공장 등 산업 시설을 세워 막대한 부를 축적했다. 식민지 착취로 값싼 원료를 얻고 노예를 통해 값싼 노동력을 얻었다. 영국의 최고 수출품은 '아프리카 흑인 노예'였다. 영국 선박 회사들은 너나없이 유럽과 신대륙 국가에 노예를 팔아넘겼다. 노예무역을 통해 번 수익이 영국 GDP의 3분의 1을 차지한 해도 있었다. 영국 선박을 통해 전 세계로 보내진 아프리카 흑인 노예 수는 공식 집계만 약 300만 명에 이른다.

사교계의 엄친아에서 신앙인으로

월리엄 윌버포스(William Wilberforce, 1759~1833)는 요즘 말로 하면 엄친아에다 금수저였다. 그는 남부러울 것 없는 가문에서 태어나 고등교육을 받았고, 평생 가난과 배고픔을 모르고 지냈다. 윌버포스 가문은 대대로 무역업과 은행업에 종사했는데, 할아버지 대에 이르러서는 교역을 통해 엄청난 부를 거머쥐었다. 이렇게 유복한 환경에서 자란 그가 빈곤층을 위한 복지 정책과 노예제도 폐지를 위해 일생을 헌신했다는 것은 특별한 일이다.

열일곱 살에 케임브리지대학교에 입학한 윌버포스는 명문가 자제들과 친분을 쌓았다. 거기에는 대부호인 집안 배경과 외향적이고 사교성이 좋은 성격이 영향을 미쳤다. 그는 금세 영국 사교계에서 가장 주목받는 인물이 되었으며, 그의 인생은 탄탄대로를 달렸다. 겨우 스물한 살에 자신이 나고 자란 항구도시 헐의 하원의원으로 선출되었으며, 스물네 살에는 요크셔의 하원의원이 되었다. 사실 정치에 큰 뜻이 있었던 것은 아니고, 연설을 잘하는 자신의 재능을 살려 깊은 고민 없이 정치계에 뛰어들었던 것이다.

전도유망한 그의 인생에 변화의 바람이 불기 시작한 것은 정치에 입문한 지 5년 뒤의 일이었다. 1785년, 그는 사교계 친구들과 여행하던 중 극심한 내적 갈등을 경험했다. 당시 『신약성경』을 탐독하고 있었는데, 자신의 영적 타락과 자만을 깨닫기 시작한 것이다. 윌버포스는 자신이 얼마나 방탕하게 살았는지, 하나님이 주신 인생을 얼마나 허비하고 살았는지를 서서히 깨달았다. 어렸을 때부터 성공회 교회를 다녔지만 제대로 하나님을 믿은 적이 없었던 그는 진정한 회심을 통해 정치계를 떠나 목사가 되기로 마음먹었다. 그는 방탕한 생활과 하나님을 동시에 섬길 수는 없다고 생각했다.

윌버포스가 정치계를 떠나겠다고 하자 지인들이 만류하고 나섰다. 케임브리지 동창인 윌리엄 피트(24세에 수상이 되어 20년간 영국을 이끌었다)가 가장 적극적으로 말렸다. 피트는 정치를 하면서도 신앙을 지킬 방법은 얼마든지 있다고 윌버포스를 설득했다. 윌버포스에게 기독교 복음주의 정치가들을 처음 소개해준 사람도 피트였다. 이들과의 만남은 이후 사회개혁을 위한 기독교 복음주의자들의 모임인 '클래펌 공동체' 결성의 중요한 밑거름이 되었다.

윌버포스의 마음을 바꾼 결정적 인물은 존 뉴턴 신부였다. 존 뉴턴은 노예제도의 부도덕성과 영국 사회의 타락을 끊임없이 비판해온 성직자로 '어메이징 그레이스'를 작사해 명성이 높았다. 존 뉴턴은 윌버포스와 만난 자리에서 그에게 정치에 헌신할 것을 권유했다.

"나는 주님이 당신을 국가를 위해 일하도록 세우셨다고 믿고 있으며, 또 그렇게 되기를 기대합니다."

윌버포스는 기도와 묵상 끝에 존 뉴턴의 조언을 받아들이게 된다. 그는 정치가로서 복음에 따라 사회를 개혁하는 일이 자신의 사명이라는 것을 깨닫는다.

"전능하신 하나님께서 나에게 두 가지 큰 목표를 주셨다. 하나는 노예 무역을 폐지하는 일이고, 다른 하나는 영국 사회의 악습을 개혁하는 일이다."

– 1789. 10. 28. 윌버포스의 일기 중에서

클래펌 공동체와 노예제도 폐지 운동

윌버포스의 회심은 영국 정치계와 사교계의 화젯거리였다. 윌버포스 이전에도 기독교 복음주의자들로 구성된 노예제도 폐지론자들의 모임이 있었다. 테스톤(Teston) 그룹도 그중 하나였다. 테스톤 그룹은 의회와 사교계의 스타인 윌버포스야말로 정치 개혁을 통해 자신들의 뜻을 실현할 적임자라고 판단했다. 윌버포스도 자신과 뜻을 함께할 동역자들을 반갑게 맞이했다.

각계각층의 복음주의 인사들이 윌버포스를 찾아와 뜻을 같이했다. 윌버포스와 동료들은 런던 남부 지역에 있는 클래펌(Clapham) 마을에 합숙소를 만들고 자주 회합을 가졌는데, 후대의 역사가들은 이를 클래펌 공동체라 불렀다. 윌버포스가 이 모임의 수장이었다. 한 역사가가 "영국의 그 어떤 수상도 클래펌과 같이 전문성을 갖춘 내각을 가져보지 못했다"

고 서술할 정도로 영국 사회에서 클래펌의 영향력은 대단했다.

클래펌 공동체의 주요 의제는 "영국 사회에서 크리스천은 어떻게 살아야 할 것인가"였다. 정치가, 학자, 군인, 은행가, 사업가 등 다양한 분야의 종사자들은 영국 사회의 여러 문제를 두고 그리스도인이라면 어떻게 살아야 하며, 어떤 변화가 필요한지에 대해 끊임없이 토론했고, 그 성과도 적지 않았다. 클래펌 공동체는 입법 활동과 시민운동을 통해 도시 빈민을 위한 무료진료제도, 아동보호제도, 사회보장제도 등을 실현했다. 물론 이들이 가장 시급하게 생각한 과제는 노예제도의 폐지였다.

하지만 윌버포스와 동료들의 헌신에도 노예제도의 폐지는 쉽게 이뤄지지 않았다. 그도 그럴 것이 영국 사회는 200년 가까이 노예제도에 의존해왔으므로 노예제도의 폐지는 그동안 영국이 누렸던 부와 풍요로움, 안정을 버린다는 의미였다. 윌버포스는 노예제도의 폐지를 위해 여러 차례 법안을 제출하고 150회에 달하는 국회 연설을 했지만, 번번이 현실의 벽에 부딪혔다. 1793년에는 프랑스와 전쟁을 벌이게 되면서 노예 문제는 영영 관심 밖으로 밀려나는 듯 보였다. 전쟁으로 영국이 위기에 처하자 노예제도 폐지 법안을 지지하던 소장파 정치인들도 지지를 철회했다.

윌버포스와 클래펌 공동체는 노예제도를 하루아침에 폐지하는 것은 현실적으로 힘들다고 판단했다. 그래서 점진적인 방법을 선택했다. 윌버포스는 해외 노예 중개업을 금지하는 법안을 국회에 제출했다. 이는 영국 국민이 프랑스의 식민지와 노예무역을 하지 못하게 하는 내용이었다.

법안은 한창 전쟁 중이던 프랑스를 약화시키기 위한 것으로 보였지만 사실은 영국 선박의 노예무역량을 감소시키는 데 목적이 있었다.

점진적인 노예제도 폐지 전략은 성공적인 결과를 가져왔다. 영국에서 성행하던 노예 중개업은 점차 감소 추세로 돌아섰고, 마침내 1807년 윌버포스는 노예무역을 완전히 폐지하는 법안을 국회에서 통과시켰다. 노예제도의 폐지에 뜻을 품은 지 약 20년 만에 이룬 성과였다. 당시 회의록에 따르면 법안이 통과되자 동료 의원들은 윌버포스에게 큰 박수를 보냈고, 윌버포스는 머리를 부여잡은 채 기쁨의 눈물을 흘렸다고 한다.

영국에서 노예제도가 완전히 폐지되기까지는 26년의 시간이 더 필요했다. 1833년 7월 26일, 영국 의회는 대영제국 내의 모든 노예를 1년 안에 해방한다는 법안을 통과시켰다. 노예제도 폐지 소식은 은퇴 후 자택에서 요양 중이던 윌버포스에게도 전해졌다. 사흘 뒤, 그는 조용히 눈을 감았다. 다음은 그가 마지막에 남긴 유언이다.

"나로 하여금 영국이 노예제도를 통해 얻는 2천만 스털링의 돈을 포기하는 날을 목도하고 죽게 하시니 하나님께 감사할 뿐이다."

윌버포스가 벌인 사회개혁운동은 오늘날 기독교 사회참여운동의 모델이 되었다.

07

성경 말씀으로
백화점 왕국을 세운
워너메이커

다음은 미국의 우정국 장관 존 워너메이커(John Wanamaker, 1838~1922)가 인터뷰 도중 한 말이다.

"장관은 부업입니다. 교회학교 교사가 본업이죠."

존 워너메이커는 '백화점의 왕'이라 불린 사업가다. 그는 1869년 필라델피아에서 가장 큰 백화점을 연 것을 시작으로 미국 전역에 자신의 이름을 딴 체인 백화점 시스템을 완성했다.

워너메이커는 단순히 이윤만 밝히는 사업가가 아니었다. 그는 좋은 의미에서 두 얼굴의 사나이였다. 그는 평생 교회학교 교사로 활동하며 필라델피아 아이들을 위한 교육과 위생 사업에 헌신했다. 워싱턴에서 우정국 장관으로 재직할 때도 주일이면 필라델피아로 돌아와 교회학교 아이들을 가르쳤다는 것은 유명한 일화다.

워너메이커는 YMCA 회장으로 활동하며 아시아 · 아프리카 · 남미 등지에 구호 물품을 전달하고 복지시설을 세웠다. 그는 사업을 통해 얻은 재산으로 미국 전역에 공공 도서관과 학교를 건립했으며, 전 세계에 YMCA 회관과 교회를 세웠다. 우리나라에서 독립운동과 민족교육운동을 주도한 한국 YMCA 건물도 1907년에 워너메이커가 기증했다.

성경을 교과서 삼아 세운 백화점 왕국

"회장님, 지금까지의 투자 중에서 가장 성공적인 투자는 무엇이었습니까?"
"내가 열 살 때 최고의 투자를 했습니다. 그때 나는 2달러 75센트를 주고 예쁜 가죽 성경을 한 권 샀습니다. 이것이 내 인생에서 가장 위대한 투자였습니다."

– 1921년, 사업 60주년을 맞아 열린 기념 행사 인터뷰 중에서

워너메이커는 기업가로 대단한 성공을 이룬 인물이다. 경제, 경영, 복지, 마케팅 등 여러 분야에서 선구자로서의 업적을 남겼다. 기업가를 꿈꾸는 미국 청년들은 아직도 워너메이커의 경영 방식과 철학을 많이 연구한다. 그의 경영 방식이 오늘날 주목받는 이유는 기업의 공공성과 직원 복지에 누구보다 힘썼기 때문이다. 19세기 말 자본주의가 팽창하던 시대에 공익과 복지에 힘쓴 기업의 사례는 희귀했다. 워너메이커의 경영 철학은 한 단어로 요약할 수 있다. 바로 '성경'이다. 그가 세계 최대의 백화

점 왕국을 건설하면서 의지한 것은 다름 아닌 성경이었다.

워너메이커는 1838년 필라델피아에서 벽돌공의 아들로 태어났다. 비록 가난했지만 성실한 부모 덕분에 화목한 가정에서 자랐다. 그의 부모는 아들이 목회자가 되기를 바랐는데, 워너메이커도 신앙심이 깊기는 했지만 목회자가 아닌 사업가의 길을 택했다. 열네 살 때 아버지를 여읜 뒤그는 홀어머니, 여섯 남매와 어려운 처지에 놓였다. 아버지의 이른 죽음은 워너메이커가 일찍이 돈을 벌어야겠다고 결심한 계기가 되었다.

워너메이커의 첫 사업은 오크 홀 의류점이었다. 그는 점원으로 일하며 모은 돈으로 남성 기성복 사업을 시작했고, 처음부터 승승장구했다. 그는 오크 홀 의류점의 4가지 원칙을 실은 신문광고로 큰 화제를 불러일으켰다.

1) 정가 판매를 한다.

2) 상품에 품질표시를 해 소비자의 알 권리를 보장한다.

3) 반드시 현금 거래를 한다.

4) 소비자가 원하면 반품, 교환할 수 있다.

지금은 당연한 판매 방식이지만 당시로서는 파격적인 원칙이었다. 당시 의류업계에서는 제품에 가격을 붙이지 않았다. 그래서 부르는 게 값이었고, 소비자는 가격을 깎는 게 일이었다. 한번 판매한 제품을 반품해준다는 것 또한 혁명적인 발상이었다. 특히 그는 친절을 강조했다.

바른 집사

워너메이커는 "손님은 왕이다"라는 말을 만들어낸 주인공이다. 그의 직원들은 언제 어디서나 손님을 왕으로 섬기라는 교육을 받았다. 그의 옷 가게는 혁명적인 판매 방식과 고객을 왕으로 대접하는 경영 방식 덕분에 큰 성공을 거뒀다. 이 같은 워너메이커의 경영 철학은 백화점 왕국의 건설에 밑거름이 되었다. 그는 기업 윤리라는 말조차 없던 시대에 기업 윤리를 강조하고 실천한 인물이었다.

워너메이커는 모든 물건을 한곳에 모아놓고 쇼핑하게 하는 '백화점'이라는 새로운 형태의 매장을 구상했다. 이것은 인구폭발로 대도시가 된 필라델피아의 상황과 절묘하게 맞아떨어졌다. 1876년 워너메이커가 만든 그랜드 디포 백화점은 얼마 안 가서 인산인해를 이뤘다. 사람들은 모든 물건이 한데 모여 있는 백화점에 매료되었다.

그랜드 디포의 대성공에 힘입어 1906년에는 16층짜리 존 워너메이커 백화점을 건립했다. 그랜드 디포 백화점과 존 워너메이커 백화점은 길 하나를 사이에 두고 있었다. 워너메이커는 두 건물 사이에 다리를 놓아 통로를 만들었고, 사람들은 이 다리를 '진보의 다리'라고 불렀다. 존 워너메이커 백화점은 매장 공간만 5만 4천 평으로 당시 세계 최대 규모였다.

워너메이커의 경영 방식은 직원 복지에서도 빛을 발했다. 그는 직원을 가족으로 대했고 누구보다 직원들을 아꼈다. 살인적인 노동 시간과 열악한 근무 환경이 당연시되던 시대에 워너메이커는 획기적인 직원복지제도를 만들었다. 매년 2주간의 유급 여름휴가 제도와 토요일 오전근무 제도를 처음으로 도입한 사람이 바로 워너메이커였다. 이 밖에도 그는 타지역에서 온 여직원들을 위해 숙식을 제공했으며, 직원들을 위한 도서관을 짓고 은퇴 후에 지낼 복지시설도 건립했다. 백화점 옥상에는 직원들의 건강을 위한 스포츠센터가 있었다. 이 모든 복지제도는 무려 100년 전에 워너메이커가 직원들을 위해 도입한 것이다.

교회학교 교사가 본업이었던 워너메이커

> "성경은 내 인생의 교과서였습니다. 나는 날마다 성경을 먹고, 성경과 더불어 내 인생의 하루를 시작했습니다. 성경을 읽고, 성경을 배우고, 성경을 가르칠 때 내 인생은 가장 행복했고 즐거웠습니다."
>
> – 1922년, 워너메이커의 주일학교 간증 중에서

워너메이커는 사업가로 승승장구하던 시절부터 교회학교 교사로 활동했다. 그는 사업으로 번 돈을 교회와 공공시설을 세우는 데 아낌없이 사용했다. 스물한 살 때 그가 세운 베다니교회는 세계에서 가장 큰 장로교회로서 얼마 지나지 않아 존 워너메이커 백화점과 함께 필라델피아를 대표하는 명소로 자리매김했다. 교회학교 역시 세계 최대 규모였다. 1858년 27명으로 시작한 베다니 교회학교의 학생 수는 1898년에 6천 명을 넘어섰다.

베다니 교회학교가 폭발적으로 성장하는 데는 워너메이커의 헌신적인 노력이 있었다. 그는 6천 명에 이르는 교회학교 아이들의 이름을 모두 외운 것으로 유명한데, 이름뿐 아니라 아이들의 가족 사항과 특이 사항까지도 줄줄이 꿰고 있었다.

어느 날 워너메이커는 수천 명의 이름을 외우는 비결에 대해 "특별히 암기력이 좋아서가 아닙니다. 아이들에게 관심을 기울였기 때문입니다"라고 대답했다. 그는 아이들의 사진과 인적 사항이 빼곡히 적힌 주소록을 늘 가지고 다니며 읽고 또 읽었다. 교회학교 아이가 결석을 하거나 집안에 안 좋은 일이 있으면 직접 꽃을 들고 가정을 방문하기도 했다.

워너메이커와 교회학교 관련해서는 다양한 일화가 전해진다. 워너메이커는 워싱턴의 장관직 요청을 처음에는 거절했다고 한다. 주일을 성수하고 교회학교 교사로서 봉사해야 했기 때문이다. 벤저민 해리슨 대통령이 주일 성수를 약속하자 워너메이커는 그제야 장관직을 수락했고, 토요일이면 기차를 타고 필라델피아로 가서 교회학교 아이들을 가르쳤다. 그는 열아홉 살 때부터 여든다섯 살까지 67년 동안 교회학교 봉사를 단 한 번도 놓지 않았다.

워너메이커는 모스크바에 YMCA 회관이 건립된 1922년에 세상을 떠났다. 그의 죽음이 알려지자 필라델피아의 모든 공립학교와 상점, 공장 등이 문을 닫았고 2만 명에 가까운 인파가 그의 장례식장에 모여들었다. 대다수가 베다니 교회학교 출신이었다.

08

백만 명을 전도한
평범한
무디

미국 침례교 평신도였던 드와이트 무디(Dwight L. Moody, 1837~1899). 그는 19세기 후반 영미 지역에서 가장 영향력 있는 부흥사이자 전도왕으로 명성을 떨쳤다. 그가 직접 전도한 사람만 백만 명이라고 하니 상상도 안 가는 숫자다. 아마 기독교 역사상 가장 많이 전도한 사람이 아닐까.

현대 교회학교 체계를 만든 무디

현대 교회에서 드와이트 무디는 전도왕 이상의 평가를 받는다. 찬양과 말씀을 접목한 부흥 집회와 교회학교 모델을 체계화하고 교회에 안착시켰기 때문이다. 무디가 유행시킨 전도 방식, 즉 부흥 집회와 교회학교 모델은 20세기 복음주의 교회들의 폭발적 성장에 결정적인 역할을 했다.

무디가 교회 사역에서 처음 두각을 나타낸 분야는 어린이 전도 사역이었다. 그는 매우 가난한 환경에서 어린 시절을 보냈다. 초등학교 5년 때 아버지가 돌아가신 뒤 제대로 된 교육을 받기는커녕 어린 나이에 노동 현장에 뛰어들어야 했다. 무디의 설교는 단순하고 맞춤법과 문법이 자주 틀리는 것으로 유명했는데, 이는 교육을 제대로 받지 못했기 때문이다. 그런데 이러한 약점이 현장에서는 강점이 되었다. 무디는 대중이 알아듣기 쉬운 언어와 예화로 말씀을 전했고, 대중은 쉬우면서도 깊이 있는 그의 설교에 감동했다.

불우한 어린 시절을 보낸 까닭인지 무디는 노동 현장에 내몰린 빈민가 아이들에게 특히 관심을 가졌다. 그는 시카고 지역의 불우 청소년들을 대상으로 전도 사역을 펼쳤다. 빈민가, 하숙집, 술집, 공장 등 장소를 가리지 않고 노동 아동과 불량 청소년을 찾아갔다. 주일에 교회에 가지 못하는 아이들을 위해 술집을 통째로 빌려 교회학교 수업을 했을 정도다. 어린이와 청소년을 대상으로 한 그의 사역은 평생 동안 이어졌는데, 이는 그가 회심하게 되는 과정과 맞닿아 있다.

무디는 열일곱 살 때 보스턴에서 외삼촌이 운영하는 구두점에 취직했다. 독실한 기독교인이었던 외삼촌은 취업 조건으로 교회에 갈 것을 주문했다. 당시 무디는 신앙이나 교회에는 관심이 없고, 오로지 하루빨리 돈을 벌어 백만장자가 되겠다는 야망뿐이었다. 외삼촌의 강요로 교회에 나가기 시작한 무디는 그곳에서 자신의 인생을 한순간에 바꿔줄 사람을 만난다. 바로 에드워드 킴볼 선생이다.

킴볼 선생은 막 교회에 나오기 시작한 무디에게 성경책을 선물했다. 그런데 글을 읽을 줄 몰랐던 무디는 킴볼 선생이 요한복음을 펼치라고 했는데 창세기를 펼쳐 사람들 앞에서 망신을 당했다. 그 일로 무디는 교회에 나가는 것을 두려워했다. 무디의 사정을 알게 된 킴볼 선생은 그에게 글을 가르치고 함께 성경을 읽기 시작했다.

킴볼 선생과 일대일 성경 공부를 한 지 1년쯤 지나자 무디는 스스로 성경을 읽을 수 있게 되었다. 무디는 점점 성경 말씀에 매료되었다. 성경 한 글자 한 글자가 하나님께서 그에게 하시는 말씀으로 여겨졌다. 어느 날 그는 킴볼 선생을 찾아가 한평생 하나님께 헌신하고 싶다고 밝혔다. 무디와 킴볼 선생은 서로를 껴안은 채 하염없이 눈물을 흘렸다.

무디는 자서전에서 이날의 광경을 이렇게 묘사했다.

나는 새로운 세계에 있었다. 새는 더 즐겁게 노래하고 태양은 더 밝게 빛났다. 나는 이전엔 이와 같은 평안을 결코 알지 못했다.

1855년 4월 21일, 무디는 새로운 사람이 되었다.

그는 모든 시간을 전도 사역에 헌신했다. 주일마다 자신이 전도한 사람으로 교회 의자를 채워 나간 그는 스물세 살 때 자신만의 교회학교를 세웠다. 무디는 목회자나 교사가 아니라 행정가로서 새 회원을 인도하는 역할을 했다. 빈 술집에서 시작한 그의 교회학교는 얼마 안 가 천여 명이

넘는 아이들로 가득 찼다.

무디가 이끈 교회학교는 오늘날 교회학교의 모델이 되었다. 그는 교회학교 아이들에게 필요한 게 무엇인지를 누구보다 잘 알았다. 그래서 주일 아침에 예배에 나온 아이들과 청소년들을 학제별로 나누어 나이에 맞게 찬양과 말씀을 가르쳤다. 갓난아이들을 위해 교회에서 탁아소를 운영했고, 저학년 아이들을 위해서는 구연동화와 가면극, 율동과 같이 흥미를 끌 수 있는 프로그램을 예배에 도입했다. 여름이면 중·고등학생을 대상으로 여름 캠프를 진행한 것도 무디가 처음 시도한 일이었다. 지금은 교회에서 흔한 프로그램이 되었지만 당시로서는 파격적인 일이었다.

교회들은 앞다퉈 무디의 교회학교 프로그램을 벤치마킹했다. 세계 최대의 교회학교였던 베다니 교회학교 역시 무디에게서 영향을 받았다. 워너메이커는 무디를 영적 스승이자 동역자로 생각했다. 그래서 백화점을 새로 열 때마다 무디를 초청해 설교를 들었고, 교회 운영에 대한 조언도 구했다.

아이라 생키와 찬양 집회의 부흥을 이끌다

무디는 전도와 설교에 특별한 은사가 있었다. 그의 이름이 알려지자 세계 각지에서 그를 초청했고, 그런 무디 곁에는 언제나 아이라 생키가 함께했다. 생키는 찬송가 작사가이자 반주자로 명성이 높았다.

두 사람은 1870년 인디애나에서 열린 YMCA 국제대회에서 처음 만났다. 이 대회에서 무디는 한 청년이 '보혈의 샘'이라는 찬송을 부르는 것을 보았다. 무디는 그 청년의 목소리에 영혼을 울리는 힘이 있다는 것을 알았고, 함께 전도 사역을 하자고 제안했다. 당시 공무원이었던 청년은 고심 끝에 무디의 제안을 받아들였는데, 그가 바로 아이라 생키다. 그날로 둘은 떼려야 뗄 수 없는 동역자가 되었다.

무디와 생키는 미국 전역과 유럽을 돌며 찬양 집회를 열었다. 무디의 설교와 생키의 찬양은 사람들의 심금을 울려서 가는 곳마다 대성황을 이루었고, 회심의 역사가 뒤따랐다. 찬양 집회는 20세기 복음주의 교회의 성장을 이끈 원동력 중 하나이며, 무디와 생키의 사역이 결정적인 영향을 끼쳤다는 것은 누구도 부정할 수 없을 것이다.

무디가 부흥 집회에서 설교한 내용은 설교집으로 출판돼 엄청난 인기를 끌었고, 이에 따른 수입도 적지 않았다. 그런데 무디는 출판으로 번 돈을 자신을 위해서는 단 한 푼도 사용하지 않고 자신이 세운 노스필드의 학교와 시카고에 있는 성경학교에 전액 기부했다. 그는 아내와 자녀들에게는 재산을 전혀 남기지 않았다.

무디는 쉽고 단순한 예화를 통해 대중을 감동시키는 재능이 있었다. 오늘날에는 무디를 비판하는 목소리도 많다. 그의 설교는 이성보다는 감정에 호소하는 방식을 취했기 때문에 사람들을 한순간 감동시킬 수는 있지만 정말 회심에 이르게 했는지는 의문이라는 비판이다. 언뜻 보면 타당한 비판이다.

하지만 수많은 사람을 복음의 길로 인도하기 위해 애쓴 무디의 노력은 진심이었다. 그는 40년 동안 미국과 영국에서만 백만 명이 넘게 교회로 인도했지만, 정작 자신은 어떤 명예나 부도 바라지 않았다. 무디는 한평생 목사 안수도 받지 않고 항상 '평범한 무디', '부흥사 무디'로 불리기를 바랐다. 그는 단순히 자신의 능력 안에서 하나님의 사역을 감당했을 뿐이다.

무디는 자신이 사망한 해인 1899년에 열린 뉴욕 집회에서 이런 말을 남겼다.

> "언젠가는 무디가 죽었다는 소식을 신문에서 읽게 될 것입니다. 그 말을 한마디도 믿지 마십시오. 그 순간 나는 지금보다 더욱더 생생하게 살아 있을 것입니다. 나는 1837년에 '육신'으로 태어났습니다. 그러나 1855년에는 '영'으로 거듭났습니다. 육신으로 태어난 것은 죽겠지만, 영으로 태어난 것은 영원히 살 것입니다."

09

무신론자에서
위대한 기독교 변증가가 된
C. S. 루이스

오늘날 세계 대중문화는 판타지가 지배한다고 해도 과언이 아니다. 『반지의 제왕』, 『왕좌의 게임』, 『해리포터』 등 판타지 문학이 메가톤급 판매 부수를 기록했고, 하나같이 영화와 드라마로 제작되어 인기를 끌었다.

우리나라에서도 판타지 드라마와 시공간을 초월한 시간여행 작품이 전성기를 구가하고 있다. 그렇다면 이러한 판타지 문학의 전형을 제공한 사람은 누구일까? 20세기 판타지 문학의 전범이 된 작품은 C. S. 루이스가 쓴 『나니아 연대기』(1950~1956)다.

C. S. 루이스(C. S. Lewis, 1898~1963)를 『나니아 연대기』의 작가로 아는 사람이 있는가 하면 위대한 기독교 변증가로 아는 사람도 있다. 그가 쓴 『순전한 기독교』는 수많은 회의주의자를 기독교인으로 회심하게 했고, 기독교 변증서로서는 누구에게나 최고의 작품으로 평가받는다. 독자들도 루이스를 최고의 베스트셀러 작가보다는 기독교 변증가로 더 가깝게

느낄 것이다. 하지만 누군가가 루이스의 필생 역작이 무엇이냐고 묻는다면 주저 없이『나니아 연대기』라 말할 것이다.

『나니아 연대기』와 루이스의 지적 회심

『나니아 연대기』는 평범한 판타지 소설이 아니다. 성경에 담긴 다양한 주제와 메시지를 비유·상징·비의라는 글쓰기 방식을 통해 담아낸 전도서다. 특히 제1권『나니아 연대기 : 사자, 마녀 그리고 옷장』에서는 예수의 수난과 부활을 담아내고 있다.『나니아 연대기』와 함께 20세기 판타지 문학의 포문을 연 J. R. R. 톨킨의『반지의 제왕』역시 기독교 세계관을 바탕으로 한다.

루이스와 톨킨은 친구 사이였다.『나니아 연대기』로 세계적인 명성을 얻은 루이스가 톨킨에게 소설을 써보라고 권유했고, 톨킨은 이에 용기를 얻어 오랫동안 구상했던 이야기를 책으로 펴냈다. 그 작품이 바로『반지의 제왕』이다. 너무 길고 난해한 내용 때문에 출판사마다 출판을 거절했던『반지의 제왕』은 유명 작가 루이스의 적극적인 추천 덕분에 세상 빛을 볼 수 있었다.

『반지의 제왕』과『나니아 연대기』에 '신학'의 비의가 차고 넘치는 것은 톨킨과 루이스가 독실한 기독교인이었던 것과 연관이 있다. 루이스는 원래 무신론자이자 회의주의자였다. 루이스는 기독교인을 만나면 지식과 이성, 논리를 총동원해서 기독교의 허구성을 공격했다. 톨킨도 루이스의 공격을 받은 기독교인 중 한 사람이었다.

루이스가 톨킨을 소설가의 세계로 인도했다면 훗날 톨킨은 루이스가 개종하는 데 큰 영향을 미쳤다. 둘은 늘 종교에 대해 토론했고, 루이스가 결국 회심하게 된 계기도 톨킨이 제공했다. 만약 루이스가 회심하지 않았다면『나니아 연대기』는 물론『순전한 기독교』와 같은 명저는 탄생하지 못했을 것이다. 또한 루이스는 '20세기 가장 위대한 기독교 변증가'라는 명성도 얻지 못했을 것이다.

루이스는 1898년에 북아일랜드의 수도 벨파스트에서 태어났다. 그는 아일랜드 성공회 가정에서 자랐지만, 열다섯 살 때 무신론자가 되었다. 부모의 사망이 결정적인 이유였다. 회심 이후 루이스는 어린 시절 자신이 무신론에 빠졌던 것에 대해 "하나님이 존재하지 않는 것에 대해 하나님에게 매우 화가 나 있었다"고 말했다.

하나님에게 상처를 입은 루이스가 심취한 것은 문학 작품이었다. 북유럽 신화와 그리스 신화를 탐독했고, 자신이 직접 동물을 주제로 한 신화를 창조하기도 했다. 동향인 예이츠의 시에 푹 빠져 살기도 했다. 그는 어린 시절 현실의 아픔에서 도피해 문학 작품으로 숨어들었고, 이런 바탕 위에서 뛰어난 문학가가 탄생했다.

루이스의 회심은 7년에 걸쳐 이루어졌다. 1926년 루이스는 자기를 초월하는 불가사의한 힘의 존재를 믿기 시작했고, 1931년 그리스도인이 되기로 결심했다. 루이스는 자신의 회심 과정을 "새로운 삶으로의 갑작스러운 돌진이 아니라 오래 지속한 영적 고질병에서 느리고도 서서히 회복된 과정이었다"고 표현했다. 기독교인을 공격하던 무신론자 루이스는 이후 누구보다 앞장서서 기독교인을 옹호하는 변증가가 되었다. 그의 책과 설교, 연설을 통해 수많은 무신론자가 회심했다. 그가 '회의자들을 위한 사도'라고 불린 이유이기도 하다.

20세기 가장 위대한 기독교 변증가 루이스

영국 성공회 평신도가 된 루이스는 매우 논쟁적으로 기독교를 변호하기 시작했다. 그는 저술뿐 아니라 라디오 방송, 공개 강연에서 무신론자들과 토론하기를 주저하지 않았다. 루이스가 기독교를 옹호한 방식은 간증이나 흥분 상태의 연설이 아니었다. 그는 담담히 무신론과 회의론의 한계를 지적하고 논리적이고도 이성적인 방식으로 기독교 진리의 정당성을 주장했다.

루이스는 기독교 변증가로서 자신의 역할과 한계를 분명히 알고 있었다. 20세기 초반 지성주의와 인문주의의 부흥은 기독교의 위기를 불러왔다. 사람들은 기독교를 미신적이고 비이성적인 종교라고 생각했다. 수많은 지성인이 교회를 떠났고, 기독교를 믿는 사람들은 감성적인 이상주의자로 조롱받기 일쑤였다. 해마다 교인 수가 줄어들었고, 기독교를 비판하는 목소리도 커졌다. 기독교야말로 사회의 해악이라는 주장이 대세를 이루었다.

이때 루이스가 기독교의 수호자 역할을 자처하고 나섰다. 그는 누구보다 까다로운 지성인이었고 이성주의자였다. 그는 인간의 지성주의가 얼마나 허술한지를 끊임없이 지적하는 한편, 기독교 교리를 합리적이고 이성적인 방식으로 설명하려 노력했다. 「타임스」는 루이스의 방송 원고를 엮어 출판한 『인격을 넘어서』에 대한 서평에서 "루이스 교수는 신학을 매력적이고 신나고(이렇게 말해도 된다면) 아주 재미있게 만드는 특별한 능력이 있다"고 썼다. 대중은 난해한 신학 문제를 쉽고 명료하게 풀어내는 루이스에게 열광했다.

한편에서는 루이스를 비판하는 목소리도 적지 않았다. 그의 논리가 뻔뻔한 궤변에 불과하다는 주장도 있었고, 그의 논리정연함이 지나친 단순화에 불과하다는 비판도 있었다. 하지만 대다수는 루이스에게 신선함과 통쾌함을 느꼈다.

이성과 합리성으로 중무장한 기독교 변증가 루이스는 1949년 『나니아 연대기』를 세상에 내놓았다. 사람들은 까다로운 지성인으로 꼽히는 루이스가 아이들을 위한 동화책, 그것도 판타지 소설을 썼다는 사실에 많이 놀랐다. 그런데 루이스가 『나니아 연대기』 집필을 결심한 것은 이미 한참 전의 일이었다. 『나니아 연대기』야말로 루이스의 최대 업적이라고 말하는 이유다.

루이스는 오랫동안 '나니아'라는 새로운 세상을 창조했으며, 그 세상에 자신이 생각한 하나님 나라의 질서와 비의, 상징, 속성 등을 담아냈다. 그리고 그 세상은 어른이 아닌 어린아이들을 위한 것이었다.

20세기 가장 위대한 기독교 변증가로 알려진 루이스는 1963년 예순다섯 살의 나이에 세상을 떠났다. 장례식은 유가족의 뜻에 따라 매우 조촐하게 치러졌다. 그의 비석에는 "인간은 이 땅에서 죽음을 견뎌내야 한다"고 적혀 있었다. 루이스는 회의주의에 빠진 수많은 사람을 회심의 길로 이끌었던 인물이다. 항상 '마지막 문'을 열고 들어갈지 말지는 본인에게 달려 있다고 말했다. 인간은 누구나 죽음을 견뎌내야 하며, 그다음부터는 혼자 가야 한다는 것을 루이스는 잘 알고 있었다.

10

투옥 중에
『천로역정』을 쓴
존 번연

역사상 성경 다음으로 가장 많이 팔린 기독교 책은 무엇일까? 1678년 존 번연(John Bunyan, 1628~1688)이 펴낸 『천로역정』이다. 주인공 크리스천이 멸망의 도시를 떠나 하늘나라에 도착하기까지의 여정을 그린 작품이다. 이 책에는 그리스도인이 한평생 겪게 되는 절망과 고통, 극복 과정이 수많은 우화와 상징으로 묘사돼 있다.

『천로역정』은 기독교인뿐 아니라 일반 대중에게도 널리 알려진 스테디셀러지만, 작가 존 번연의 삶이나 작품의 탄생 배경은 비교적 알려지지 않았다. 『천로역정』은 단순하지만 아름다운 문체로 쓰여 있다. 우화와 상징은 날카롭고 적확하다. 존 번연은 상당한 학력을 갖췄을 것 같지만 실제로는 한평생 제대로 된 교육을 받지 못했다. 아버지가 일찍 돌아가시는 바람에 열 살 때부터 용접공으로 일하며 가족의 생계를 책임져야 했기 때문이다.

존 번연은 두 차례에 걸쳐 투옥되기도 했다. 『천로역정』은 그가 감옥에서 쓴 책이다. 수많은 사람을 감동과 회심의 길로 이끈 『천로역정』이 학교 근처에도 가보지 못한 죄수의 손에서 나온 것이다. 존 번연은 어떤 사람이었을까? 그는 왜 두 번이나 수감 생활을 했고, 무슨 이유로 『천로역정』을 썼을까? 그는 어떻게 불멸의 명작을 탄생시켰을까?

평신도 설교자 존 번연

오늘날 존 번연은 위대한 작가로 칭송받지만, 살아 있을 때는 논쟁적인 설교자로 이름을 떨쳤다. 존 번연은 스무 살 때까지 기독교에 아무 관심도 없었다. 가난한 환경에서 하루 벌어 하루 먹고살기에도 바빴다. 그에게 신앙심을 심어준 사람은 아내 마거릿 벤틀이었다. 독실한 기독교 가정에서 자란 마거릿은 혼수로 두 권의 책, 『평민이 천국 가는 길』과 『경건의 실천』을 들고 왔다. 이 두 권의 책을 통해 존 번연은 기독교 신앙에 눈을 뜨기 시작했다.

존 번연을 신앙인의 길로 이끈 인물은 침례교회 목사 존 기포드였다. 당시 존 번연은 시각장애인으로 태어난 딸과 첫 아내의 죽음으로 절망과 고통에 빠져 있었다. 그는 고통과 번민, 의심 속에서 하루하루를 보냈다. 폐병과 우울증에 시달렸다는 기록도 있다. 그러한 절망의 심연에서 그를 건진 이가 바로 기포드 목사였다. 기포드 목사는 존 번연과 날마다 신앙과 삶의 문제에 대해 상담했고, 그에게 성경 읽기와 기도를 게을리하지 말 것을 권했다. 신앙인의 절망과 고통, 불신을 가장 날카롭게 포착한 책 『천로역정』은 존 번연 자신의 이야기였다.

기포드 목사의 인도로 침례교도가 된 존 번연은 열정적으로 노방 전도와 설교를 시작했다. 존 번연은 신학교 근처에도 가보지 못한 일자무식이었지만 설교에 엄청난 재능을 보였다. 그가 살던 영국의 베드포드 일대에서는 존 번연의 설교를 듣기 위해 사람들이 찾아왔다. 한번은 옥스퍼드대학의 존 오언 학장이 존 번연의 설교를 듣는다는 소문이 돌아 영국 사회에서 큰 화제가 되었다.

침례교도인 존 번연을 탐탁지 않게 여긴 영국 왕 찰스 2세는 존 오언을 불러 물었다.

"학위가 있는 학자가 하찮은 용접공의 말에 귀를 기울이다니, 그대의 학문이 아깝지 않은가?"

"왕이시여, 만약 제가 존 번연처럼 설교를 할 수 있다면 제가 배운 학문과 지식을 모두 버리고 싶습니다."

존 오언이 부러워 마지않은 존 번연의 설교는 감동적 간증과 체험에서 나오는 확신으로 많은 사람을 감동시켰다. 그는 평신도였지만 어느 목회자보다 뛰어난 설교자로 주목받았다. 그런데 이러한 찬사가 그에게는 화근이 되었다. 영국 국교회와 다른 목회자들의 미움을 산 존 번연 앞에는 또 다른 절망이 기다리고 있었다.

바른 집사

12년의 수감 생활과 『천로역정』

1660년 찰스 2세는 영국 국교회 이외의 종교 활동을 박해하기 시작했다. 집회의 자유를 박탈했으며 설교를 금지시켰다. 침례교의 열정적 설교자였던 존 번연은 단숨에 요시찰 인물이 되었다. 영국 경찰은 존 번연이 법을 어기고 집회와 설교를 진행했다는 이유로 그를 체포했다. 영국 국교회가 설교를 중단하고 국교회 예배에 참석하면 풀어주겠다고 회유했지만 존 번연은 타협하지 않았다. 그는 3개월간 수용되었다가 각계의 탄원으로 잠시 석방되었지만, 며칠 안 가서 설교하지 말라는 법원의 명령을 어기고 다시 체포돼 1672년까지 12년간 수감 생활을 했다.

예배의 자유와 말을 빼앗긴 존 번연에게 남은 것은 글뿐이었다. 그는 12년의 수감 생활 중에 자서전 『죄인의 괴수에게 넘치는 은혜』를 비롯해 여러 권의 책을 썼다. 그 가운데 수많은 사람의 관심과 열광적 지지를 받은 작품이 바로 『천로역정』이다. 감옥의 특성상 여러 책이나 자료를 참고할 수 없었던 까닭에 『천로역정』은 오로지 성경과 존 번연의 상상력만으로 빚어낸 하늘의 선물이었다.

영국의 유명 시인 브라우닝은 『천로역정』에 대해 "한낱 용접공에 지나지 않았던 사람이 이처럼 놀라운 필력을 가지고 있었다고는 생각조차 할 수 없다. 나는 하나님께서 그를 통해 친히 말씀하셨다고 확신한다"고 말했다. 존 번연은 훗날 간증 집회에서 수감 생활 중에 "너는 가서 써라"고 말씀하시는 하나님의 음성을 들었다고 고백했다.

『천로역정』에 등장하는 크리스천은 존 번연 자신이기도 했다. 그는 자신이 겪은 고난과 내적 갈등을 신앙을 향한 여정으로 승화했다. 주인공 크리스천의 여정은 사실 꿈이었다. 『천로역정』은 "모두가 한바탕 꿈이었다"는 문장으로 끝난다. 존 번연 또한 하나님의 음성을 꿈속에서 들었다.

오랜 수감 생활을 끝내고 존 번연은 유명 인사가 되었다. 그의 책은 베스트셀러가 되었고, 집집마다 『천로역정』이 꽂혔다. 그는 평신도에서 벗어나 베드포드의 침례교 목사가 되었다. 그의 설교를 듣기 위해 전국 각지에서 그를 초청하거나 직접 찾아왔다. 존 번연은 마지막까지 설교자로서의 사명을 다했으며, 1688년 런던 순회 설교 중에 폐렴이 악화되어 세상을 떠났다.

『천로역정』은 신앙인의 필독서로서 인기가 많았지만 사실 문학서로는 좋은 평가를 받지 못했다. 설교 문체로 쓰인 데다가 기독교를 주제로 다루었기 때문에 아예 순수 문학으로 인정받지 못했다. 그런데 20세기에 들어와 존 번연의 작품들이 17세기 왕정복고기 영미문학의 중요한 걸작으로 인정받기 시작했다. 그의 작품에서는 단순하지만 명료한 문장, 아름답고 반짝이는 은유, 한 편의 시를 읽는 듯한 운율을 느낄 수 있다.

존 번연이 쓴 초고에는 맞춤법과 문법이 맞지 않는 부분이 많다고 한다. 열 살 이후로는 교육을 제대로 받지 못했기 때문이다. 우리나라로 치면 초등학교도 졸업하지 못한 그가 회심 이후 유명 설교자이자 작가로 명성을 떨쳤다는 것은 믿기 어려운 일이다.

존 번연의 삶은 우리에게 하나님이 쓰시고자 하면 신분이나 교육 수준, 직업, 능력은 아무런 장애가 안 된다는 것을 가르쳐준다. 그가 가진 무기라고는 하나님의 말씀을 사모하는 순수한 마음뿐이었다. 하지만 그는 『천로역정』을 남겼다. 오늘날 선교지에서 가장 먼저 번역되는 책이 첫째는 성경, 둘째는 『천로역정』이라고 한다.

하나님께서는 옛날 모세에게도 그러하셨듯이, 특별한 교육도 받지 못한 내게 정말 큰 은혜를 주셨다. 나의 부족하고 둔한 입술을 사용하셔서 많은 사람 앞에서 설교할 수 있도록 웅변적인 지혜로 함께하셨다.

— 존 번연의 자서전 『죄인의 괴수에게 넘치는 은혜』 중에서

11

불쌍한 눈먼 소녀에서
찬송가의 여왕이 된
크로스비

기독교 영화 「성의」에는 하반신이 마비된 여성이 등장한다. 그녀의 이름은 미리암이다. 영화 속에서 미리암은 예수님의 삶과 죽음, 부활 사건을 가사로 만든다. 자신의 하프 연주에 맞춰 사람들에게 복음을 전달하는 일을 사명으로 여긴다. 부활한 예수님을 쫓는 영화 속 주인공은 걸을 수 없는 미리암을 조롱한다.

"왜 그 사람은 당신의 다리를 고쳐주지 않았지? 기적을 행하는 사람이라고 하던데."

"아니요, 기적은 일어났어요. 주님께서는 저를 고쳐주셨어요."

영화는 미리암을 통해 진짜 기적의 실체를 보여준다. 걷지 못하는 자가 걷게 되는 기적보다 위대한 기적이 있다. 장애를 안고서도 기쁜 마음으로 하나님을 찬양할 수 있다면 그보다 더 큰 기적은 없을 것이다. 만약 미리암이 실존 인물이라면 그녀야말로 역사상 최초의 찬양 사역자가 아닐까.

영화 속 미리암을 보면 미국의 찬양 사역자 패니 크로스비(Fanny J. Crosby, 1820~1915)가 떠오른다. 크로스비는 '찬송가의 여왕'으로 알려져 있다. 그녀는 평생 8천여 곡의 찬송시를 썼는데, 현대 미국 찬송가의 대부분이 그녀가 쓴 곡이다. '예수로 나의 구주 삼고', '예수 나를 위하여', '인애하신 구세주여' 등 우리나라 찬송가에도 24곡이나 수록돼 있다. 놀라운 것은 크로스비가 시각장애인이었다는 사실이다.

불쌍한 눈먼 소녀

패니 크로스비는 1820년 미국 뉴욕의 작은 마을 푸트남에서 태어났다. 그녀는 세상에 나오자마자 엄청난 시련을 겪었다. 태어난 지 막 6주가 되었을 때 의사의 잘못된 약물 치료로 그만 영원히 시력을 잃고 만 것이다. 엎친 데 덮친 격으로 아버지 존 크로스비도 며칠 뒤 세상을 떠났다. 어머니 머시는 가정부 생활을 하며 크로스비를 혼자 키웠다.

그녀에게는 희망이 없어 보였다. 태어나자마자 시각장애인이 되었고 집안은 찢어지게 가난했다. 그녀의 삶은 저주받은 것처럼 보였다. 크로스비의 일생에는 절망과 고통이 끊이지 않았다. 그녀는 열한 살 때 어머니 대신 돌봐주던 외할머니를 저세상으로 떠나보내야 했다. 서른여덟 살 때는 동료 교사이자 인생의 동반자 알렉산더 벤 앨스티 사이에서 낳은 아이를 병으로 잃고 말았다. 크로스비의 삶은 세상의 관점으로 보면 불행하기 짝이 없었다.

그녀의 절망적인 삶에 희망의 끈을 달아준 것은 할머니의 사랑과 신앙이었다. 크로스비는 일하느라 바쁜 어머니를 대신한 외할머니의 손에서 자랐다. 할머니는 유일한 친구이자 선생님이었다. 할머니는 앞 못 보는 손녀를 위해 날마다 성경을 읽어주었다. 실제로 크로스비는 성경 전체를 암송했는데, 이는 어렸을 때 할머니와 함께 성경을 암송한 경험 덕분이었다.

할머니는 크로스비에게 성경뿐 아니라 수많은 문학 작품을 읽어주었다. 앞을 보지 못해 아무것도 할 수 없었던 아이는 할머니가 읽어주는 문학 작품과 성경을 반복해서 기억하고 모조리 외웠다. 이러한 교육이 자양분이 되어 그녀는 수많은 시와 찬송시를 쓸 수 있었다.

학구열이 높았던 크로스비는 성장해서 자신이 다닌 시각장애인 학교의 선생님이 되었다. 그녀는 자신과 같은 처지의 아이들에게 영문법과 수사학, 라틴어, 역사 등을 가르쳤다. 그녀는 학교 선생님으로 일하며 점차 자신의 재능을 하나님을 위해 사용해야겠다고 생각했다. 그녀는 찬송시를 쓰기 시작했다.

아, 나는 얼마나 행복한 사람인가!

비록 보이지 않는다 해도 이 세상을 나는 만족하리

다른 사람들이 갖지 못한 축복을 나는 얼마나 많이 누리고 있는지

바른 집사

보이지 않기 때문에 한숨짓고 눈물지을 수도 있지만

나는 한숨짓고 눈물지으려 하지도 않으리

– 크로스비가 여덟 살 때 쓴 시

찬송가의 여왕

크로스비는 자신의 문학적 재능을 발휘해 찬송가 가사를 쓰기 시작했다. 그녀는 뉴욕 브루클린에 있는 6번가 침례교회에서 활동했는데, 그녀의 주된 동역자는 로버트 로우리 목사였다. 로우리 목사가 곡을 만들면 크로스비가 이를 듣고 가사를 붙였다. 이들이 만든 찬송가는 수많은 사람에게 사랑을 받았다.

한번은 돈 박사가 그녀에게 다급하게 작사를 의뢰했다. 그는 사업상 철도 이동이 잦았는데, 자신이 기차 여행 도중 작곡한 찬송가에 가사를 붙여달라고 부탁했다.

"오늘 신시내티로 가야 하는데, 지금부터 정확히 40분밖에는 시간이 없습니다. 가능하겠습니까?"

크로스비는 돈 박사의 허밍을 들으며 작사를 시작했다. 정확히 40분 뒤 은혜로운 찬송곡이 탄생했다. 바로 '주 예수 넓은 품에'(새찬송가 417장)다.

미국 전역에서 가사 의뢰가 들어와 크로스비는 일주일에 6~7곡의 가사를 썼다. 그녀의 가사는 덤덤하면서도 깊이가 있었고 곱씹을수록 은혜가 넘쳤다. 세계의 전도왕 무디와 그의 동역자 아이라 생키 역시 크로스비의 찬양곡을 애창했다. 기독교 역사가들은 크로스비의 찬송곡이 없었다면 무디의 폭발적인 전도 집회도 불가능했을 것이라고 평가한다. 그만큼 그녀의 가사는 사람들을 감동시켰다.

크로스비는 역사상 가장 많은 찬송가를 작사한 사람으로 알려져 있다. 8천 곡 이상의 찬송가와 복음성가를 지었고, 그녀가 출판한 복음성가 모음집은 총 1억 권 이상 인쇄되었다. 당시에는 출판사에서 한 사람의 저작물을 너무 많이 출간하는 것을 주저했기 때문에 크로스비는 200여 개의 가명을 만들어야 했다.

그녀는 기독교인들뿐만 아니라 대중에게도 사랑과 존경을 받았다. 희망의 상징이 된 크로스비는 미국 전역을 돌며 간증 집회에도 참석했다. 한 간증 집회에서 자신의 눈을 실명시킨 의사를 용서했느냐는 질문을 받자 그녀는 이렇게 대답했다.

"그 의사를 비난하지 말아주십시오. 그 사람을 다시 만난다면 이 세상에서 가장 놀랍고 귀한 선물을 주서서 감사하다고 말할 겁니다. 할머니는 나를 의자에 앉혀놓고 하나님께서 내게 가장 좋은 것을 주신다는 약속을 가르쳐주셨습니다. 결국 하나님은 그렇게 하셨습니다. 주님은 보이지 않는 저를 그분의 뜻대로 사용하셨습니다. 만약 당신이 저보다 더 행복한 사람을 찾았다면 그 사람을 보여주십시오. 제 행복의 잔은 사랑하는 주님의 은혜 가운데 항상 넘치고 있습니다."

크로스비는 1915년에 95세의 나이로 자신이 수많은 찬송가에서 노래한 하늘나라로 떠났다. 그녀가 쓴 찬송가를 어릴 때부터 부르고 자란 미국인 모두가 그녀의 죽음을 애도했다. 크로스비의 기념비에는 "She hath done what she could(그녀는 자신이 하려고 했던 것을 해냈다)"고 기록돼 있으며, 묘비에는 그녀가 쓴 '예수를 나의 구주 삼고' 가사가 적혀 있다. 뉴욕의 교회에서는 지금도 그녀가 태어난 3월 24일을 '패니 크로스비의 날'로 제정해 기념하고 있다.

생후 6주 만에 빛을 잃고 뒤이어 아버지를 하늘로 떠나보내고도 크로스비는 절망에 빠지지 않았다. 그녀는 성경 속 인물을 벗 삼아 뛰놀았고, 하나님의 말씀으로 위로를 받았다. 앞을 보지 못했기 때문에 누구보다 뛰어난 문학적 상상력을 발휘할 수 있었다. 크로스비는 가장 위대한 찬송가 작가, 찬송가의 여왕이라는 칭호를 얻었지만, 그보다 더 큰 기적은 따로 있었다. 그녀는 자신의 처지를 비관해 하나님을 원망하는 일 없이 절망 가운데서도 하나님을 찬양하는 기적의 산증인이 되었다.

12

3·1운동을
비폭력 저항운동으로 이끈
이상재

월남 이상재(1850~1927)는 항일 독립 운동의 큰 어른이자 우리나라에서 기독교 사회운동의 첫 장을 연 주인공 이다. 교육자, 정치가, 종교인, 청년운동가, 언론인으로 살았던 이상재가 각 분야에서 남긴 업적과 헌신은 말할 수 없이 컸다.

이상재는 외세의 등장과 매관매직의 부정부패가 판치던 구한말에 가난한 선비의 자식으로 태어났다. 일찍이 관직에 뜻을 두었지만 부정부패의 만연으로 과거에 낙방했다. 그는 관직을 포기하고 후에 대한제국의 총리대신이자 첫 주미대사가 되는 박정양의 개인 비서가 되었다.

박정양과의 만남은 이상재의 삶에 새로운 전기가 되었다. 그는 박정양의 수행원 자격으로 일본 신사유람단에 파견됐으며, 함께 주미대사관에서 근무할 기회를 얻었다. 이상재는 한평생 민족계몽운동과 개화사상을 설파했는데, 박정양과 함께 해외에서 근무한 경험이 이에 영향을 미쳤다.

이상재는 일찍이 교육의 중요성을 간파해서 자주독립과 부국강병의 기본은 질 높은 교육에 있다고 생각했다. 일본의 내정간섭이 심해지던 1896년, 그는 서재필, 윤치호 등과 독립협회를 조직해 국민계몽운동에 앞장섰다. 독립협회의 가장 주된 활동은 「독립신문」의 발간이었다. 민족 정신과 독립정신의 고취라는 목표 아래 독립신문은 일반 대중이 쉽게 읽을 수 있게 한글로 기사를 썼다. 독립협회는 또한 서울 종로에서 만민공동회를 열어 국민의 정치 참여 의식을 높였다. 이상재는 만민공동회의 사회를 맡았는데, 재담과 언변이 좋아서 사회자로 명성을 떨쳤다.

쉰네 살에 복음을 받아들이다

독립협회는 민족계몽운동뿐 아니라 대안 정치에도 힘을 쏟았다. 1902년, 이른바 '개혁당 사건'이 터졌다. 독립협회가 박정양을 대통령으로, 이상재를 내부대신으로 하는 공화정부를 수립하기 위해 모의했다고 누군가가 고발한 것이다. 이상재를 비롯한 독립협회 간부들은 반역죄로 체포되었다. 이상재는 아들 이승인과 함께 2개월간 모진 고문을 받았으며, 15년형을 선고받고 한성감옥에 투옥되었다.

한성감옥에서 이상재는 뜻밖의 인연을 만났다. 바로 이승만이다. 이승만은 이완용을 중심으로 한 황국협회에 밉보여 이상재보다 먼저 감옥에 갇혀 있었다. 이승만은 이상재보다 스물다섯 살이나 어렸지만, 초창기에 독립협회 일을 도왔던 인연으로 교분이 있어 둘은 반갑게 재회했다.

독실한 기독교 신자 이승만은 절망과 실의에 빠져 있던 이상재에게 복음을 전하기 시작했다. 이상재는 개화운동 및 주미대사관 근무 경험으로 기독교에 대해 잘 알고 있었다. 하지만 훌륭한 사상이기는 해도 자신과는 맞지 않는다는 이유로 기독교 신자가 되지는 않았다. 선비 집안에서 태어난 그는 뼛속까지 유교주의자였다.

당시 이승만은 '감옥학교' 운동을 벌이고 있었다. 언더우드, 아펜젤러 등 외국 선교사들은 감옥에 갇혀 있던 애국 청년들을 위해 기독교 서적과 교양서적을 넣어주었고, 영어에 능통한 이승만은 그 책을 받아 동료 죄수들을 가르쳤다. 그중에는 성경도 있었다. 이상재는 이때 처음으로 성경을 읽기 시작했다. 그는 수감 중에 한문 성경과 한글 성경을 번갈아가며 네 번 읽었다고 한다.

1903년 어느 봄날, 복음의 열매가 열렸다. 마태복음 5장 38절을 읽던 이상재의 마음속에서 '이것이야말로 참진리다. 이 세상 어느 누가 이런 말을 할 수 있단 말인가' 하는 감동이 일어났다. 그는 그 자리에 엎드려 한없이 눈물을 흘렸다. '내가 죄인'이라는 고백과 함께 그는 마침내 하나님을 영접했다. 그의 나이 쉰네 살 때의 일이었다.

이상재의 회심은 이후 독립운동의 방향성을 완전히 바꿔놓았다. 그는 기독 청년들의 사회참여와 독립운동을 주도하면서도 철저히 비폭력 정신에 입각한 저항운동을 펼쳤다. 예수님이 그에게 가르쳐준 나라 사랑법이었다.

바른 집사

기독교청년회 YMCA와 비폭력 저항운동의 지도자

2년여의 옥고를 치른 이상재는 출옥과 동시에 게일 질레트가 세운 연못골예배방(지금의 연동교회)을 찾아가 세례를 받았다. 민족 지도자였던 그의 회심은 외국 선교사들을 비롯한 각계의 주목을 받았다. 이상재는 곧이어 서울 YMCA의 전신인 황성기독교청년회의 교육부 위원장을 맡아 기독교 정신으로 무장한 애국 청년을 육성하는 데 힘썼다.

이상재의 활약은 눈부셨다. 한 선교사의 증언에 따르면 황성기독교청년회에서 21명의 성경 연구 지도자를 배출했는데, 그중 19명이 이상재에게 지도를 받은 학생이었다. 만민공동회의 유명 사회자 출신답게 설교의 은사가 있었던 그는 직접 전도 집회도 열었다. 그가 1년간 전국을 돌며 개최한 전도 집회에 약 1만 8천 명이 모였다고 한다.

이상재가 이끈 YMCA 강연회는 늘 애국가 제창으로 시작해서 기도로 마무리되었으며, 찬송은 '십자가 군병들아'를 불렀다. 당시에는 정치 집회가 허락되지 않았기 때문에 수많은 청년이 교회로 몰려와 신앙과 함께 애국정신의 해방구를 이뤘다. 1914년, 이상재는 전국의 기독교 청년운동단체를 통합해 조선기독교 청년연합회를 조직했다. 이 조직은 1919년 동경 유학생들의 2·8 독립선언과 이후 3·1운동의 밑거름이 되었다.

1919년 3·1운동을 준비하는 과정에서 이상재는 3·1만세운동을 비폭력으로 진행해야 한다고 주장했다. 폭력 시위를 하면 수많은 희생자가 발생할 수 있기 때문이다. 민족 지도자들은 이상재의 뜻을 받아들였고,

이로써 인류 역사에서 유례를 찾아보기 힘든 전국 단위의 비폭력 만세운동이 성사되었다.

민족 지도자 33인 명단에는 이름이 올라가지 않았지만 3·1운동을 주도한 사람이 이상재라는 것은 누구나 알았다. 이상재는 배후자로 지목돼 6개월 동안 모진 고문과 심문을 당했다. 증언에 따르면 "이 운동을 선동한 사람이 누구냐"는 일본 경찰의 질문에 이상재는 "이 운동의 선동자는 만군의 하나님이오"라고 답했다고 한다.

간디와 같이 세계의 주목을 받는 인물이 된 이상재를 일본도 함부로 다루지 못했다. 미국 선교사들과 세계 YMCA가 이상재를 적극적으로 보호하고 나섰으며, 일본인 중에도 사랑과 평화의 정신을 이야기하는 이상재를 존경하는 사람이 많았다. 이상재는 석방된 뒤에도 꾸준히 평화적인 독립운동을 펼쳤다.

특히 1922년 베이징에서 열린 세계 학생 기독교청년 연맹대회에 참석해 한국 YMCA가 국제 YMCA 연맹에 단독으로 가입한 것은 우리나라 독립운동사에서 빼놓을 수 없는 큰 사건이다. 한국 YMCA는 일본의 제약 없이 국제기구에서 발언할 수 있었다. 당시로서는 국제 무대에서 유일하게 인정받은 대한민국의 독립 기구였다.

이상재는 말년까지 독립운동에 헌신했다. 1924년에는 조선일보 사장을 맡아 언론 지면을 통해 일본 제국주의의 부당함을 계속 비판했다. 그는 좌우 진영의 독립운동가를 규합해 신간회를 창설하기도 했다. 신간회는 사상과 신분, 종교를 떠나 대다수 민족운동가의 지지와 참여를 얻었지만, 이상재의 죽음과 내부 분열, 일제의 탄압으로 오래가지 못하고 해산되었다.

일제강점기 민중의 거인이었던 이상재는 1927년 재동 셋집에서 건강이 악화되어 세상을 떠났다. 그의 나이 일흔여덟이었다. 장례는 사회장으로 치러졌으며, 이상재를 추모하기 위해 전국 각지에서 모여든 사람이 10만여 명에 이르렀다고 한다.

그는 일제와 끝내 타협하지 않았으며, 비폭력 저항운동 노선을 고수했다. 이상재는 예수님의 말씀으로 다시 태어나 예수님의 말씀대로 산 참 신앙인이었다.

집사에게
들려주고 싶은
이야기

01
나의 스승
김용기 장로님

    예수님이 십자가에 못 박혀 돌아가시기 전날 밤, 그러니까 유월절 저녁이었다. 제자들과 저녁을 먹던 예수님은 갑자기 자리에서 일어나 제자들의 발을 씻기기 시작한다. 제자들은 모두 의아해했다.

  '주님께서 왜 종들이나 하는 이런 짓을 하시지?'

  '도대체 왜 이러시지?'

  제자들은 그런 예수님을 도무지 이해할 수 없었다. 직설적이고 성격 급한 베드로가 예수님을 말렸다.

  "그건 안 됩니다. 제 발만은 절대 씻지 못하십니다."

  그러자 예수님은 이런 말로 베드로의 제지를 뿌리치신다.

  "내가 너를 씻기지 않으면 너와 나는 아무 상관없는 관계가 된다."

  이 장면은 4복음서 중 요한복음에만 등장한다. "유월절 전에 예수께서 자기가 세상을 떠나 아버지께로 돌아가실 때가 이른 줄 아시고 세상에

바른 집사

있는 자기 사람들을 사랑하시되 끝까지 사랑하시니라"(요한복음 13:1)

예수님의 행동은 제자들을 향한 극진한 사랑의 표현이었다. 종이 주인의 발을 씻어주는 것이 유대 문화라고 하지만 국내에서도 남편이 아내의 발을, 교사가 학생의 발을, 때론 친구가 친구의 발을 씻어주면서 감동해서 우는 장면을 여러 번 보았다. 발을 씻어준다는 것은 마음속 깊은 사랑의 진한 표현이라 할 수 있다.

배신할 제자마저 품으신 사랑

그런데 의아한 대목이 있다. 예수님은 이제 몇 시간 뒤면 자신을 배신할 것을 잘 알면서도 왜 가룟 유다의 발도 씻어주셨는가 하는 것이다. 발을 씻어주기는커녕 심하게 질책해도 모자랄 판에 예수님은 마치 아무 생각 없는 사람처럼 가룟 유다의 발을 똑같이 씻어주셨다.

이 가룟 유다는 당당하게 예수님을 제사장들과 군인들에게 넘겨주고 그 대가로 약속한 돈도 받는다. 하지만 결국 양심의 가책으로 자살에 이르고 만다. 그 양심의 가책이 바로 예수님의 지극한 사랑 때문은 아니었을까. 자신이 죽음에 이르도록 넘겨준 예수님의 그 순한 양 같은 모습, 조금 전 아무것도 모르는 것처럼 자신을 지극정성으로 씻어주시던 예수님의 약간은 슬프지만 부드러운 눈빛, 따뜻한 손길이 그 순간 떠오르지 않았을까. 나라와 민족을 초월해 어느 시대의 제자에게도 예수님은 그런

눈빛과 손길로 대하고 계신다. 그래서 예수님은 모든 크리스천의 영원한 스승이 되는 것이다.

사회적으로 훌륭하고 칭찬받는 분들이 대부분 그렇듯이 김용기 장로님도 가족들에게 존경을 많이 받는 한편 적잖은 불평도 들었다. 그중 하나가 도움을 청하는 사람이면 그가 누구든 가리지 않고 도움의 손길을 폈다는 점이다. 어려움을 호소하는 사람을 도울 수 있다면 선물로 받은 고가의 금반지는 물론 집 안에 있는 크고 작은 물건을 아낌없이 내주었던 것이다. 심지어 상대가 거짓말을 하는 게 뻔히 보이는데도 개의치 않았다. 가족들이 원망스러운 눈빛을 보낼 때면 김 장로님은 으레 이런 말로 달래곤 하셨다.

"오죽하면 변명도 하고 거짓말까지 하면서 도움을 청했겠느냐? 도울 힘이 남아 있다면 상대방이 누구든 상관없이 무조건 도와야 한다."

김 장로님은 철저한 민족관, 신앙관과 함께 철두철미한 실천으로 감화를 끼친 분이다. 웃기는 말이나 재치 있는 표현으로 잠깐의 감동을 주는 요즘의 목회자와는 확연히 구분되는 분이었다. 말이 아닌 행동으로 크리스천의 길, 애국의 길을 직접 보여주신 것이다.

그런 분을 젊었을 때 가까이에서 뵙고 닮을 수 있었다는 것은 내 평생의 가장 큰 자산이다. 나는 교회 청년회장을 하면서 교회 장로님의 추천으로 원주 가나안농군학교에서 노회청년연합회 교육을 받게 되었다. 교육을 받는 동안 내가 감동받은 점은 특별한 프로그램만은 아니었다. 그보다는 오히려 김용기 장로님과 가족들의 삶에서 감동을 받았다고 하는 것이 옳은 표현이다. 당시 연세가 지긋하셨던 김 장로님은 3박 4일 일정으로 농군학교에 들어간 교육생들과 같이 먹고 입고 뛰는 모습을 보여주셨다. 교육생으로서 3박 4일간 새벽에 일어나 뛰고 기도하며 일하는 것도 힘들었는데, 이분들은 1년 365일 교육생들과 함께 이렇게 산다고 생각하니 온몸에 전율이 일었다.

김용기 장로님이 삶으로 보여준 '언행일치'

가나안농군학교를 세우기까지 수십 년 동안 피땀을 흘리셨던 김 장로님과 가족들이 농군학교를 세운 이후에도 늘 교육생과 함께 교육생의 입장으로 사신다는 것이 내게는 충격적인 감동으로 다가왔다. '아, 그리스도인으로 산다는 게 이런 거구나' 생각했다. 말씀하신 대로 살고 계시는 언행일치의 장로님을 곁에서 뵈니 가나안농군학교를 세우신 그분의 꿈이 얼마나 간절한지, 또 그 꿈을 이루기 위해 매일을 얼마나 치열하게 사시는지 한눈에 알 수 있었다.

그 당시 우리와 함께 교육생으로 들어갔던 목사, 장로들을 모아놓고 강의하시던 장로님의 청정한 음성이 아직도 생생하다. 60~70명의 목사, 장로들 앞에서 김 장로님은 대뜸 이렇게 말씀하셨다.

"여기는 모두 먹사들만 왔구만요."

장로님의 첫마디에 모두 멍하니 쳐다보았다.

"먹사가 다른 게 먹사가 아니오. 먹기 위해 목회하는 사람이 먹사요. 여기 모인 사람 중에 먹기 위해 목회 하는 사람 있으면 손 좀 들어봐요. 목사란 무엇입니까? 목사는 하나님을 위해 또 자기 교인들을 위해 죽을 수 있는 사람입니다. 그게 목회자의 각오요, 꿈이 되어야 합니다. 그러지 않으면 절대로 목사가 하나님의 역사를 이룰 수 없어요. 그런 목사는 결코 목회를 성공적으로 이끌 수 없다 이 말입니다."

부드럽고도 단호한 말씀이었다. 장로님은 바른 목회관과 가치관에 대해서도 한참 동안 말씀을 이어 나가셨다. 그 말씀을 듣는데 심장이 떨려왔다.

'나는 어떤가? 나는 과연 나 혼자 잘 먹고 잘 살기 위해서 사업을 해온 게 아닌가? 나는 무엇을 위해 사업을 하고 있는가?'

그런 생각이 머릿속을 맴돌면서 마치 뒤통수를 세게 맞은 듯한 충격에 휩싸였다. 서둘러 개인 기도실로 들어가 무릎을 꿇고 기도하는데 뜨거운 눈물이 쏟아졌다.

"하나님, 제가 지금껏 잘못 살아왔습니다. 나만을 바라보고 욕심내며 꿈을 꿨던 것을 회개합니다."

눈물을 쏟으며 기도하는데 내 생애 처음으로 예수님이 바로 곁에 와 계심을 확신할 수 있었다. 나의 회개 기도를 곁에서 듣고 계신다는 것이 마음과 영혼으로 느껴졌다.

내 인생의 전환, 내 마음과 생각의 완전한 선회는 그때 이루어졌다. 나는 내 인생의 경영 노트에 이렇게 적었다.

나는 나를 위해서가 아니라 소비자와 직원들을 위해 기업을 하고, 은
퇴할 때는 내 자식이 아니라 직원들에게 아무 조건 없이 경영권을 위
임해서 그들을 도울 것이다.

가나안농군운동은 현재 재단법인 가나안복민회, 제1가나안농군학교,
제2가나안농군학교, 영남가나안농군학교, 재단법인 일가기념상재단, 가
나안세계효도실천연구회, 세계가나안농군운동본부, 해외 11개국 가나안
농군학교 설립 등으로 영역과 지경을 넓혀가고 있다.

그런데 더 중요한 것은 이런 외형적인 확장이 아니라 가나안정신이다.
그분의 철두철미한 실천을 바탕으로 한 사상과 신앙이 개인과 민족의 삶
구석구석을 바꾸고 있는 것이다. 젊은 시절에 만난 스승 김용기 장로님
을 평생 배우기 위해 나는 사재를 다 털어 1998년부터 준비해서 2003
년 밀양의 가나안농군학교(영남)에서 교육을 시작했다. 2019년엔 가나안
의 복민운동으로 전 세계 정신의 빈곤과 생활의 빈곤을 깨우기 위해 김
범일 총재님과 이사진들의 권유로 세계가나안농군운동본부 총재를 맡았
다. 나는 총재 취임식에서 "근로, 봉사, 희생의 가나안정신을 품고 달리
겠다"고 다짐했다. 가나안정신이 필요한 곳이라면 앞으로도 나는 어디든
달려갈 것이다.

02
긍정의 자세가
세상을 바꾼다

언젠가는 반드시 돈을 벌어 부모님의 눈물을 닦아드리고 싶었던 나는 서른 살이 되기 전에 다니던 직장을 그만두고 사업을 시작했다. 사실 사업이라고 말하기엔 좀 거창하고, 소박하게 영업을 시작했다고 하는 게 맞을 것이다. 가진 것도 없었던 내가 안정적인 직장을 그만두고 '내 사업'을 용기 있게 시작하게 된 배경에는 어릴 때부터 꿔온 꿈이 있었다. 막연했던 그 꿈이 나도 모르는 사이에 내 인생을 구체적으로 이끌고 있었던 것이다.

그때 나는 내 안의 여러 능력 가운데 조금이라도 더 나은 능력이 무엇인지 곰곰이 따져보았다. 어린 나이에 아이스크림통을 들고 거리를 활보하며 장사했던 일을 떠올리니 모든 것이 우연이 아니라는 생각이 들었다.

'그러고 보니 내게는 소비자에게 직접 다가가 상품을 알리고 판매하는 영업 능력이 어느 정도 주어졌구나.'

바른 집사

꿈을 따라 유통사업에 첫발을 내딛다

그것을 깨닫자 사업을 위한 영업 전략과 아이디어가 솟구쳤다. 나는 용기를 내서 방문판매 사업을 하기로 결단했다. 하지만 사업은 아이디어와 전략만으로 성공할 수 있는 것이 아니었다. 먼저 사업 아이템이 중요했다. 잘 팔긴 팔되, 정말 자신 있게 권할 수 있는 제품이면서 소비자의 입장에서도 꼭 필요하고 유용한 제품이어야 했다.

나는 먼저 좋은 건강식품 몇 가지를 선택했다. 시대적으로도 우리나라는 절대빈곤의 고비를 넘기고 경제발전의 오르막길로 막 진입하고 있었다. 아직 웰빙 바람이 불 정도는 아니었지만, 가족 건강의 질을 따질 여력이 생기기 시작한 1970년대 중후반에는 이 사업 아이템이 유효했다.

유통의 다양한 흐름을 살펴보던 나는 조직적으로 판매원들을 양성해 사업을 확장시키는 유통 조직망을 만들어야겠다고 생각했다. 말하자면 판매원들을 교육하고 키우되, 소비자에게도 이익이 돌아가고 판매자에게도 수익금을 많이 배당하는 형태의 조직을 만들어 사업을 활성화하는 방안이었다.

나는 이 아이디어를 구체화하기 위해 먼저 제품을 들고 소비자를 찾아가 직접 판매하기 시작했다. 이 일을 통해 소비자가 필요로 하는 것을 충족시키려면 회사가 무엇을 더 보완해야 하는지 알 수 있었다. 그렇게 수집한 정보를 바탕으로 얼마 뒤부터는 본격적으로 판매원을 키우는 일에 집중했다. 직원들을 모아놓고 소비자에게 다가가는 법, 제품을 소개하는 법, 소비자를 섬기는 법 등을 열정적으로 교육했다.

판매 전략 면에서도 차별화를 시도했다. 회사가 이익금을 적게 받더라도 소비자에게 혜택이 많이 돌아가게 하는 아이디어를 낸 것이다. 즉, 소비자가 제품 3개를 사면 상당히 괜찮은 선물을 혜택으로 돌려주는 방식이었다. 그렇게 팔아서 남은 이익금의 70퍼센트는 판매원에게, 30퍼센트는 회사에 돌아가도록 제도화했다. 회사 책임자인 나도 정해진 월급만 받고 나머지는 모두 재투자와 재생산을 위한 비용으로 쓰게 했다.

이 모든 전략이 주효했던 것일까. 리더가 포함된 6인 1조의 이 조직망은 골목골목마다 카 세일을 하며 돌아다니더니 얼마 안 있어 전국적인 조직망으로 퍼져 나갔다. 나 또한 그들과 함께 발로 뛰었다. 하루에 서너 시간 정도만 자고 새벽부터 일어나 전국을 종횡무진했다.

그 결과 사업을 시작한 지 1년 만에 우리 회사는 전국적인 돌풍을 일으키면서 조직원이 1,200명으로 늘어났다. 또한 5~6년 만에 제품을 직접 생산해내는 여타의 공장까지 지으며 급속히 성장했다.

이런 일련의 성장 과정이 사람들에게 입소문이 나서 이후 다른 기업들처럼 우리 회사도 실패의 과정 속에 있을 때조차 나에게 사업 자문을 구하는 이들이 줄어들지 않았다. 나는 특별히 큰 기업을 이룬 것도 아니고 널리 알려진 유명인사도 아니었지만, 그들은 나를 찾아와 한결같이 이런 질문을 던졌다.

"왜 회장님은 되는데 저는 안 될까요?"

바른 집사

나는 이런 말을 들을 때마다 반문했다.

"왜 안 된다고 하는데? 얼마만큼 해보고 그런 말을 하는가? 부정적으로 생각하는 이유가 뭔가?"

그러고 보니 나는 평생 '안 된다'는 부정적인 말이나 생각을 해본 적이 거의 없었다.

"당신은 늘 된다고만 하지 안 된다는 게 없어요. 당신 속에는 '긍정' 말고 다른 게 하나도 없을 정도로 긍정적이에요."

평생을 함께 산 아내가 이렇게 말할 정도로 나는 늘 '된다'는 확신 속에서 살아왔다. 내가 꿈꾸며 계획한 인생의 모든 일에 대해서도 그렇고, 남들이 꿈꾸는 것에 대해서도 허황되고 잘못되지 않은 이상 부정적인 입장을 취해본 적이 별로 없다. 그래서인지 나는 꿈꾸는 사람들을 만나면 '긍정'에 대한 여러 이야기를 꼭 덧붙이곤 한다.

긍정적인 마음을 품지 않으면 아무리 멋진 꿈을 꾸어도 목표 지점까지 달리기가 여간해서는 어렵다고. 우리 그리스도인은 신앙도 믿는 긍정이 있어야 가능하다고.

사업도 섬김도 상대방을 헤아리는 것부터

그렇다면 긍정이란 무엇일까? 긍정의 사전적 의미를 보면 "어떤 사실이나 생각에 대해 옳다고 인정하는 것" 또는 "판단에 문제가 되고 있는 주어와 술어 관계를 인정하는 일"을 말한다. 내가 꿈꾸는 일에 대한 신념, 계획하는 일이 이루어질 것이라는 확신, 상대방의 말이나 뜻에 대한 동의를 나타내며 사는 것이 바로 긍정이라 할 수 있다.

그런데 왜 많은 사람이 이와 같은 긍정의 자세를 갖지 못한 채 살아갈까? 타인에 대해서는 그렇다 쳐도 왜 자신이 꿈꾸며 준비하는 일에조차 긍정적인 확신을 가지지 못한 채 살아가는 것일까?

나는 그 첫째 원인이 '소통하지 않는 자기 고집' 때문이라고 생각한다. 다시 말해 세상과 사람에 대한 두꺼운 철벽을 부수지 않고 자기 고집 속에서 살다 보니 미래에 대해 불안한 예측, 부정적 입장을 취할 수밖에 없는 것이다.

우리는 사업 계획을 이루는 기본이 '소비자의 입장에 설 줄 아는 것'임을 알아야 한다. 소비자의 입장에 서본 사람이라야 왜 사업을 해야 하고, 무엇을 생산해야 하며, 이를 어떻게 유통해야 하는지에 대한 그림을 더 구체화할 수 있다. 그리고 이를 바탕으로 미래에 대해 긍정적 예측을 할 수 있는 것이다.

결국 사업가의 꿈을 이루려면 먼저 상대에게 다가가 이해하는 작업부터 이루어져야 한다. 어딘가에 소통의 창이 열려 있어야만 누군가의 필요나 감성에 긍정할 수 있고, 그렇게 될 때 내가 꿈꾸는 일을 세상 속에서 성취할 수 있다.

교회를 섬기는 일도 마찬가지다. 가장 먼저 주님의 마음, 목회자의 마음을 잘 헤아릴 수 있어야 한다. 그것은 믿음이 있을 때, 진심이 있을 때 가능하다. 사심이나 욕심을 품으면 결코 주님의 마음도 목회자의 마음도 헤아릴 수 없다.

그다음에는 섬김의 대상이 되는 교인들의 형편을 헤아려야 한다. 그들이 지금 어떤 상황에 있고, 무엇을 필요로 하는지를 알기 위해 교인들 속에서 교인들을 보고 이야기를 나누는 것이다. 이를 통해 내가 무엇을 할 수 있는지 알게 된다. 그것이 멋진 섬김의 출발이다.

03
그리스도인이
매사에 긍정적일 수밖에
없는 이유

성경에는 수많은 사람의 이야기가
나온다. 그 사람들 가운데 믿음의 사람들치고 긍정적이지 않았던 사람은
하나도 없다. 그럴 수밖에 없다. 따지고 보면 하나님을 믿는다는 것 자체
가 하나님의 부르심을 긍정하는 데서 출발하기 때문이다.

"너는 나를 믿느냐?"

"예!"

"내가 온 천지만물의 주관자라는 사실을 믿느냐?"

"예!"

"그런 내가 너를 가장 좋은 길로 인도할 것을 믿느냐?"

"예!"

"그렇다면 너는 가나안 천국을 향해 오늘도 전진할 수 있느냐?"

"예!"

그리스도인의 기본자세는 "예스(Yes)!"

믿음의 여정이란 결코 복잡한 게 아니다. 이렇게 하나님의 뜻에 대해 "Yes!"라고 긍정으로 화답하며 가는 길이 믿음의 길이다. 그래서 나는 그리스도인이라면 당연히 긍정적이어야 한다고 말한다. 만약 매사에 부정적인 사람이라면 정말 예수님을 믿는 믿음이 있는지 스스로 점검해보아야 한다.

부정적인 사람은 자기 자신뿐 아니라 공동체를 해치며 하나님의 뜻에 훼방을 놓는다. 대표적인 사례가 이스라엘 민족이 출애굽 후 가나안 땅을 점령할 때 나온다. 당시 이집트에서 탈출한 200만 명의 이스라엘 백성은 하나님께서 주겠다고 약속하신 땅을 향해 고된 광야 행진을 계속했다. 마침내 가나안 땅을 목전에 둔 상황에서 그곳이 과연 정착할 만한 땅인지를 살피기 위해 12지파에서 뽑은 대표 한 명씩으로 구성된 정탐꾼을 먼저 가나안에 들여보낸다.

그런데 그 땅을 살피고 온 열두 명 중 열 명은 하나같이 부정적인 말을 쏟아낸다. "이스라엘 자손 앞에서 그 정탐한 땅을 악평하여 이르되 우리가 두루 다니며 정탐한 땅은 그 거주민을 삼키는 땅이요 거기서 본 모든 백성은 신장이 장대한 자들이며 거기서 네피림 후손인 아낙 자손의 거인들을 보았나니 우리는 스스로 보기에도 메뚜기 같으니 그들이 보기에도 그와 같았을 것이니라"(민수기 13:32~33).

하지만 똑같은 장면을 목격하고 돌아온 여호수아와 갈렙은 전혀 상반

된 보고를 한다. "우리가 두루 다니며 정탐한 땅은 심히 아름다운 땅이라 여호와께서 우리를 기뻐하시면 우리를 그 땅으로 인도하여 들이시고 그 땅을 우리에게 주시리라 이는 과연 젖과 꿀이 흐르는 땅이니라 다만 여호와를 거역하지는 말라 또 그 땅 백성을 두려워하지 말라 그들은 우리의 먹이라 그들의 보호자는 그들에게서 떠났고 여호와는 우리와 함께 하시느니라 그들을 두려워하지 말라"(민수기 14:7~9).

어쩌면 객관적인 환경은 열 명의 보고에 더 가까웠을 수도 있다. 하지만 여호수아와 갈렙이 그들과 달랐던 점은 마음속에 하나님의 약속과 믿음이 있었다는 것이다. 두 사람은 "우리가 가서 그 땅을 취하자. 그 땅을 얻을 수 있다"고 용기 있게 나섰다. 하나님의 약속과 믿음은 환경이나 자기 자신이 아닌 하나님을 믿게 했다. 그리고 행동하게 했다.

하나님을 바라보는 사람은 어떠한 상황 속에서도 긍정적일 수 있다. 하나님 자체가 긍정이시기 때문이다. 그분은 전지전능하시며, 무소부재하시고, 천지만물을 움직이신다. 그런 하나님을 믿는 사람이 두려움이나 걱정에 사로잡히거나 부정적인 말을 내뱉는다는 것은 있을 수 없다. 하나님의 인도하심에 언제나 "Yes!"로 답하며 전진하기만 하면 어떤 문제가 닥쳐도 믿음으로 돌파할 수 있게 된다.

긍정과 꿈에 대한 이야기를 나누다 보면 더러 오해하는 이들이 있다. "할 수 있다"는 긍정의 논리를 무조건적인 자기최면이나 자기암시 같은 것으로 받아들이는 것이다. 이는 오해 중의 오해다. 꿈에 대한 가능성을

바른 집사

품고 긍정적으로 달려간다는 것은 "난 무조건 잘돼야 해!" 하며 자기최면을 걸고 달려가는 것과는 전혀 다르다. 이들이 근거 없는, 굳이 근거를 찾자면 자기 자신을 믿는 믿음으로 사는 사람인 반면, 하나님을 바라보는 사람은 근거가 분명한, 즉 하나님과 그 약속을 믿는 믿음으로 사는 사람이다.

하나님을 믿을 때도 덮어놓고 믿는 게 아니라 성경을 펼쳐놓고 하나하나 믿을 만한 근거를 찾고 믿을 때 참된 믿음이 생긴다. 이와 마찬가지로 참된 긍정은 긍정할 만한 근거나 이유가 분명할 때 나온다. 진정으로 긍정적인 사람은 자신이 긍정하는 것에 대한 이유와 근거를 믿음 안에서 늘 가지고 있어야 한다는 뜻이다. 그래서 우리는 "내가 꿈꾸는 것이라면 반드시 이루어진다"고 주장하기에 앞서 "이 꿈이 과연 하나님이 도와주실 만한 꿈인가?"에 대한 합리적 이유와 근거를 하나님 앞에서 먼저 찾아야 한다.

"하나님, 제가 이 꿈을 꾸는 게 맞는 걸까요?"
이런 질문을 던질 때 하나님은 답을 주신다. 말씀이나 내 양심의 소리, 주변 사람들의 권면이나 나를 둘러싼 환경을 통해서 하나님은 질문하는 자에게 반드시 답을 주신다.

그런데 가족이나 배우자에게 이런 꿈을 꾸고 있다고 공유할 수 없는 꿈을 꾼다면, 그것은 처음부터 접어야 할 꿈이라는 점을 강조하고 싶다. 주변에서 일확천금의 꿈을 가진 가장들을 보라. 그들은 자신의 꿈을 배우자와 공유하지 않은 채 혼자 일을 벌이다가 사기를 당하는 등 많은 어려움을 겪고 있다.

진짜 긍정은 하나님의 "노(No)!"도 받아들이는 것

내가 간절히 원했던 순간에 하나님이 기뻐하시는 뜻이 아니라는 게 확인될 때 그 즉시 꿈을 접을 수 있는 사람이야말로 진짜 긍정의 사람이다. 즉, "이걸 하라"고 말씀하시는 하나님의 사인(sign)에 "Yes!"라고 답할 뿐 아니라 "이건 아니다"는 하나님의 사인에도 "Yes!"라고 응답하며 그 일을 내려놓는 사람이 진정한 긍정의 사람이라는 말이다.

회사를 경영하던 시절, 나는 가끔 직원들을 모아놓고 물었다.

"우리 회사의 문제가 뭔가?"

그러면 직원들이 하나둘 회사가 해결해야 할 문제들을 꺼내놓았다.

"그럼 이 문제를 어떻게 해결하면 좋겠나?"

내가 다시 물으면 그때부터 직원들은 창의적인 해결 방안을 하나씩 내놓았다.

"이 문제는 제가 해결할 수 있습니다. 지금 당장 담당자를 만나서 이야기를 나눠보겠습니다."

"이 문제는 저희 부서에서 정리해보겠습니다. 해결 가능합니다."

문제를 겁내지 않는 직원들에게서는 언제나 긍정적인 해결 방안이 쏟아져 나왔다. 그리고 그 방안대로 추진하다 보면 어느새 문제가 해결되어 있는 것을 자주 확인할 수 있었다.

그런데 직원들이 제기한 문제들 중에는 간혹 우리가 해결할 수 없는 것도 있었다. 계약이 성사되면 회사의 입장에서는 매우 이익이지만 회사가 아직은 감당할 수 없는 경우가 이에 해당한다. 그럴 때면 나는 주저 없이 말했다.

"이건 우리가 끊읍시다. 우리 중 누구도 못하는 일입니다."

나는 어지간해서는 못한다는 말을 하지 않았지만, 내려놓아야 할 때는 그렇게 과감하게 내려놓았다. 왜냐하면 아직 하나님이 우리에게 허락하시지 않은 일에 대해서는 내려놓는 것이 하나님을 향한 나의 긍정임을 잘 알고 있었기 때문이다.

내 생각과 다르더라도 하나님께서 "No"라고 하시는 것에는 "Yes"라고 순종하는 것이 바로 긍정이다.

04

서로의 다름을
존중하라

누구든 부정적이면 사람을 잃는다. 부정적인 말과 행동이 상대방의 날개를 서서히 꺾는다는 것을 주변 사람들이 보고 듣고 체험하기 때문이다. 그래서 부정적인 사람은 자신의 꿈도 오롯이 혼자 힘으로 이루어야 한다. 그 고독하고 힘겨운 싸움 끝에는 열매도 사람도 남지 않는다.

반면 긍정적이면 많은 사람을 얻는다. 긍정이 상대방을 숨 쉬게 하고 영혼을 살아나게 하기 때문이다. 그래서 긍정적인 사람은 다른 사람이 꿈을 이룰 수 있게 공헌하는 동시에 사람을 얻음으로써 자신의 꿈도 이루어가는 일석이조의 열매를 얻게 된다.

그렇다면 사람과의 관계에서 어떻게 해야 그렇게 긍정적인 사람이 될 수 있을까? 또한 부정과 긍정을 구분 짓는 기준은 과연 무엇일까? 나는 이 구분이 의외로 쉽다고 생각한다. 시행착오를 겪은 나의 결혼생활이 이 구분법을 확실히 알려주었기 때문이다.

바른 집사

달라도 너무 달랐던 아내

수십 년 전, 당시 금융권에서 일하던 아내와의 연애 끝에 결혼에 성공했다. 그런데 막상 결혼하고 보니 아내의 생활방식이 나와는 달라도 너무 달랐다. 나는 자식을 너무나 사랑했지만 예의범절을 중요시했던 아버지의 교육으로 매사에 각이 잡혀 있는 사람이었다. 예를 들어 외출했다 집에 오면 현관에 신발을 가지런히 벗어 앞쪽으로 놓고 나서 들어가는 것이 기본 중의 기본으로 몸에 배어 있었다. 그런데 아내는 영국 부대에서 근무한 장인이 자유롭고 창의적으로 키운 까닭인지 현관에서 신발을 벗는 본새부터가 나와는 차원이 달랐다.

약간 과장해서 표현하자면, 현관문을 열고 들어서는 동시에 아내의 신발은 순식간에 제각기 날아갔다. 그런데도 아내는 벗어 던진 신발을 정리할 생각을 도무지 할 줄 몰랐다. 현관문이 열리는 동시에 신발 두 짝이 날아가고, 아내는 아무 일 없다는 듯 집 안으로 들어서서 거리낌 없이 자기 할 일을 하곤 했다.

'어떻게 저럴 수가 있지?'

아내의 습관을 고쳐주고 싶었다. 아니, 그런 습관은 반드시 고쳐야 마땅하다고 생각했다. '어떻게 저럴 수 있지? 저건 아니다' 하는 내 생각은 나의 말투에서 그대로 드러났다.

"신발을 벗었으면 정리를 해야지, 어떻게 여기저기 벗어놓고 그냥 놔둬?"

나의 잔소리에 아내는 민망했던지 눈치를 보며 흐트러졌던 신발을 정리했다. 하지만 그것도 그때뿐이었다. 다음 날 집에 들어가면 어김없이 신발이 여기저기 널브러져 있었다. 그러면 나는 부드러운 말투로 다시 신발 정리를 종용했다. 하지만 아내의 습관은 여전히 그대로였다.

그러기를 몇 년, 어느 날 일하고 집에 돌아와서 아내를 부르니 나를 본 아내는 깜짝 놀라며 얼른 현관으로 달려왔다. 그러고는 긴장한 모습으로 흐트러져 있던 신발을 정리하는 게 아닌가. 퇴근한 남편을 보는 아내의 얼굴에는 반가움 대신 불안감이 역력했다. 나는 그 모습을 보고 당혹스러움과 부끄러움을 느꼈다.

'아, 내가 잘못했구나. 내가 했던 부정적인 말들이 아내를 불안하게 하고 주눅 들게 만들었구나!'

결혼 후 몇 년 동안 아내를 향해 이거 고쳐라, 저거 고쳐라 했던 나의 말 속에는 '나는 당신의 모습 그대로를 수용할 수 없다'는 부정적인 생각이 내포돼 있었던 것이다. 나는 나름대로 알아듣기 좋게 말한다고 했지만, 아내는 내 말을 들으며 자신의 습관을 기꺼이 바꾸고 싶다는 의지가 생기기보다는 '난 왜 이 모양이지? 저 사람은 나만 보면 또 지적할 거야'라는 생각에 자존감이 떨어지고 불안감만 갖게 되었던 것이다.

긍정은 이와 다르다. "너는 왜 나와 달라?" 하며 나와 다른 상대를 뜯어고치려 하는 것이 아니라 상대의 모습을 그대로 인정하고 수용하는 것이다. 마치 앞 못 보는 이가 걷지 못하는 이에게 "너는 왜 걸음을 못 걷니?" 하고 닦달하는 대신 조용히 그의 발이 되어주는 것과 같다. 걷지 못하는 이가 앞 못 보는 이에게 다가가서 "너는 왜 앞을 못보니?" 하고 눈살을 찌푸리는 대신 살며시 그의 눈이 되어주는 것이다. 이렇게 함께 윈윈하게 만드는 것이 바로 인간관계에서의 긍정적 자세다.

이 사실을 깨닫고 보니 아내에게 너무나 미안했다. 내가 의도한 것은 아니지만, 아내가 무슨 큰 잘못을 한 것도 아닌데 그동안 죄지은 사람마냥 쩔쩔매며 살게 한 책임은 분명 나의 부정적인 태도에 있었기 때문이다. 그날 이후로 아내를 향한 나의 태도는 180도 바뀌었고, 아내의 표정도 점점 편안해져갔다.

얼마 전에도 집에 들어가니 아내의 신발이 여전히 저만치 떨어져 있었다. 나는 늘 그렇게 해왔듯이 자연스레 허리를 숙여 아내의 신발을 정리했다. 정리를 못하는 아내와 정리를 잘하는 남편이 사는 집에서는 그런 일이 당연히 남편의 몫이어야 했다. 그런 나를 바라보고 있는 아내에게도 한마디 건넸다.

"당신, 오늘도 신발을 참 예술적으로 잘 찼더라."

"그래요? 호호호. 내가 좀 예술적인 사람이긴 하죠!"

"하하하!"

"호호호!"

내가 달라지니 상대방도 달라졌다

나와 다른 아내의 습관 하나를 수용해도 우리 집에는 웃음꽃이 피었고, "나는 당신을 긍정한다"는 사랑의 메시지가 서로에게 진하게 전달되었다. 그 메시지가 아내의 가슴에 차곡차곡 쌓일수록 내 꿈을 응원하는 아내의 메시지도 더 긍정적으로 변해갔다. 세월이 갈수록 더욱 굳건히 나를 지지해주는 아내의 내조로 나는 내가 꿈꾸는 바를 이루어갈 수 있었다.

다름을 인정하는 것은 수용한다는 뜻이다. 그런데 사람을 수용하는 데 가장 큰 걸림돌은 오로지 자신만의 기준으로 사람을 판단하는 일인 것 같다. 지난 세월, 나는 일방적인 리더십을 보여주는 경영자나 지도자들을 적잖이 만났다. 나 또한 그렇게 행동한 적이 있겠지만, 일방적 리더십으로 사람을 대하는 현장에는 상처와 고통과 좌절의 아픔이 따른다는 것을 부인할 수 없다.

사장이 눈높이를 낮춰서 직원들을 보면 부장이든 과장이든 말단직원이든 각자의 고유한 가치가 보이기 시작한다. 비행기를 타고 높이 올라가면 올라갈수록 큰 건물만 눈에 들어오지만, 자신이 아예 밑에 내려와서 보면 크든 작든 모든 건물이 눈에 다 들어오는 것과 같은 이치다. 이 사람은 이런 점 때문에 우리 회사에 필요하고, 저 사람은 저런 점 때문에 우리 회사에 꼭 필요한 인물이라는 것을 발견하게 되는 것이다.

지난 세월 동안 내가 경영한 모든 사업 속에는 이 사실을 뒷받침해주는 증거가 수두룩했다. 나는 그저 예수님이 보여주신 대로 사람을 긍정하며 그의 눈높이로 다가갔을 뿐이다. 그런데 회사 경영이 더없이 어려운 처지에 놓였을 때, 어느새 성장해 있는 직원들의 힘으로 회사가 기적적으로 회복되는 일이 눈앞에서 펼쳐지곤 했다.

우리 회사가 어려움에 처했을 때 그것을 극복할 수 있게 한 주인공은 내가 아니라 바로 우리 직원들이었다. 그것도 한때는 "저 사람 좀 그만두게 해야 하는 거 아니야?" 하고 눈치를 받던 직원들이었다. 기업 성장이라는 나의 꿈을 바로 그런 사람들이 이루어주고 있었던 것이다.

05

배우자와
동역하라

꿈은 소통해야 이룰 수 있다. 우린 모두 세상 사람들 속에서 꿈꾸며 사는 존재이기 때문이다. 나 혼자 살면서 혼자 힘으로 꿈을 이룰 수 있는 사람은 아무도 없다. 누군가는 내가 만든 제품을 사주고 누군가는 내가 그린 그림을 보고 감동을 받아야 꿈이 이루어지는 법이다. 상대방의 입장에서 상대방을 이해하는 소통 능력이야말로 꿈으로 가는 길목 위에 서 있는 우리가 반드시 배워야 할 기본 자질이다.

꿈은 다른 사람이 아니라 내가 이루는 것이다. 그 꿈은 내 것이기에 내 눈물과 기도와 땀과 사랑이 모여 성취된다. 그러나 이 세상 그 누구의 꿈도 그것을 도와주는 사람이 없으면 이룰 수 없다. 그것이 이 세상을 지으신 하나님의 창조 원리다. 하나님은 우리가 서로 유기적으로 연결되어 살게 하심으로써 서로가 서로를 더 사랑하며 살도록 의도하셨다.

누군가는 꿈을 이루기 위해 혼자 고독하게 달리고, 또 다른 누군가는 그런 모습을 지켜보며 고독하게 살아간다. 서로의 꿈을 공유하면 네 꿈이 내 꿈이 되어 함께 기다리고 함께 성취하는 기쁨을 누릴 수 있다. 그런데 서로 공유하지 못해 외롭고 비참하게 살아간다면 얼마나 안타까운 일인가. 그렇게 되면 설혹 꿈을 이룬다 해도 내 주변에는 아무도 없을 수도 있다. 꿈을 이룬다 해도 그 꿈이 결코 나를 행복하게 해주지 못하는 것이다.

아내는 나의 페이스메이커

나는 새로운 계획을 세울 때마다 늘 아내에게 세세하게 동의를 구하며 살아왔다. 사업 방향을 전환할 때나 새로운 사업을 구상할 때도 내가 무엇 때문에 고민하는지, 다음 계획이 무엇인지에 대해 아내와 자세히 대화를 나누고 공유했다. 심지어 아내가 동의하지 않으면 마치 한 발짝도 떼지 않을 사람처럼 행동하기도 했다. 그러면 아내는 어김없이 내 편이 되어주었다. 내 편이 된다는 것은 나를 믿고 지지해준다는 뜻이고, 내가 목표 지점을 향해 달리다가 길을 잃어버리지 않도록 끝까지 나의 길을 비춰준다는 뜻이다.

실제로 아내는 나와 함께한 지난 세월 동안 변함없이 나의 지지자였으며, 꿈을 향해 달리는 나의 페이스메이커가 되어주었다.

"앞으로 1년 정도 생활비를 못 가져올 것 같아. 1년 동안은 회사 부채를 갚는 데 집중해야 회사를 살릴 수가 있어."

사업을 하다가 어려운 고비를 만나 어쩔 수 없이 이렇게 털어놓을 때도 아내는 경제적 어려움을 기꺼이 감당한 것은 물론 나를 위해 밤마다 철야 기도를 하며 영적인 지원을 아끼지 않았다. 또한 내가 꿈의 길을 잃어버렸을 때는 내가 가야 할 방향을 자각시켜줌으로써 다시 제자리로 돌아올 수 있게 이끌었다. 내가 영남에 가나안농군학교를 개척하고 설립해 새로운 꿈을 펼칠 수 있었던 배경에는 이러한 아내의 진취적 조력이 있었다.

꿈은 늘 변하게 마련이다. 사업가로서의 꿈만 꾸었던 젊은 시절에 김용기 장로님을 만난 뒤 나도 모르는 사이에 새로운 꿈의 씨앗이 잉태되었다. 예수님의 가르침으로 무장된 행동하는 민족 지도자들을 양성하고 싶다는 꿈이었다. 김용기 장로님을 만난 이후 가나안농군학교야말로 세계 선교의 마지막 보루이자 이 땅의 희망이라는 생각이 머릿속에서 떠나지 않았다.

그래서인지 나는 사업을 하면서도 마음 한편에 늘 가나안농군학교의 정신을 품고 살았다. 김용기 장로님이 소천하시고 김종일 목사님과 김범일 장로님, 김평일 장로님이 각각 원주와 하남의 가나안농군학교를 맡으셨다. 그 뒤 수십 년의 세월이 흘렀지만 나는 언제나 가나안농군학교 정신을 사업 현장과 가정생활에 적용하며 그분들과 같은 꿈을 품고 살았다. 이런 나의 꿈은 당연히 아내에게도 전해졌다. 아내는 식탁에 반찬을 세 가지 이상 올리는 법 없이 검소하게 살며 절약한 돈으로 하나님을 섬기고 이웃에게 베풀었다.

그러던 중 사업에 큰 위기가 닥쳤다. 모두가 어려웠던 IMF 시절이었는데, 갑자기 불어닥친 외환 위기에다 나의 건강 악화까지 겹쳐 큰 어려움에 직면한 것이다. 그런데 하필 그때 나의 스승이신 김범일 장로님이 나를 불러서 권하셨다. 아무래도 내가 영남에 가나안농군학교를 설립하는게 좋겠다는 것이었다.

교회나 기업, 학교 등에서 수많은 사람이 가나안농군학교를 찾아가 교육을 받았던 1970~80년대에는 다른 지역에 가나안농군학교를 개척하겠다고 나서는 사람들이 종종 있었다. 그런데 무슨 이유에선지 김용기 장로님은 그분들의 제안을 굳이 사양하셨다. 내가 섬기는 교회의 A장로님도 그 무렵 가나안농군학교를 개척할 뜻을 밝히셨다가 뜻을 이루지 못했다.

그즈음에 나는 꿈속에서 A장로님을 만났다.

"이현희 집사가 잘해봐!"

그러면서 A장로님은 내게 열쇠 하나를 건넸다. 그 꿈을 꾼 뒤, 나는 그저 좋은 꿈인 것 같다고만 생각했다.

아내의 권유가 마침내 영남 가나안농군학교 설립으로

김범일 장로님이 나에게 "영남에 가나안농군학교를 세웠으면 좋겠다"고 하시는 말을 듣자마자 수십 년 전에 꾸었던 A장로님 꿈이 퍼뜩 떠올랐다. 하지만 나는 선뜻 그렇게 하겠노라고 대답하지 못했다. 사실 당시 내 형편으로는 가나안농군학교 개척을 위해 땅을 사고 학교를 지을 여력이 없었다. 또한 이미 편리함을 추구하는 이 시대에 사람들을 불러 모아 가나안농군학교 정신을 교육할 만한 헌신적 사랑과 열정이 아직 내게 남아 있는지에 대해서도 자신 있게 답하기가 어려웠다.

"제가 어떻게 그 일을 하겠습니까? 저는 적임자가 아닙니다. 그리고 지금은 그럴 만한 여건도 안 되고요."

김범일 장로님의 제안에 별 주저함 없이 못한다고 거절할 만큼 모든 여건이 매우 열악했다. 나는 건강 악화로 쓰러져 병실에 누워 있었고, 회사는 외환 위기의 여파로 소생 가능성이 없어 보였다. 그런데 그런 상황에서도 아내는 나조차 모르는 내 마음속 깊은 곳 소망의 불꽃을 보고 있었던 것 같다. 아니면 평생 동안 내 생각, 내 꿈을 공유해왔기에 그때야말로 내 소망을 펼칠 타이밍이라는 것을 알았을 수도 있다.

누가 보더라도 결코 그 일을 할 만할 때가 아니라고 판단되던 시기에 아내는 몇몇 지인들과 함께 원주 가나안농군학교 수련회에 참석했다. 그러고는 "영남에 세워질 가나안농군학교는 이현희 장로의 몫인 것 같다"는 김범일 장로님의 말씀에 "하나님 뜻이면 순종하겠습니다" 하고 용감하게 대답했던 것이다. 그리고 며칠 동안 철야기도로 하나님께 매달리더니 응답을 받았다며 나를 찾아와 "당신이 해야 한다"고 적극 권유하는 게 아닌가.

　　　　　　　　　　　　　　　　　　　　　　　바른 집사

이 일이 정말 하나님의 뜻이었는지 난관에 봉착했던 우리 회사는 기적적으로 소생했고, 그 덕분에 5~6년 뒤부터는 가나안농군학교를 시작할 수 있는 힘도 붙기 시작했다. 아내는 그때부터 백방으로 뛰어다니며 영남 밀양의 땅을 구입했고, 백 명의 교육생을 수용할 수 있는 시설을 만드는 데 온 힘을 기울였다. 학교가 완공되고 나서는 교육생들이 찾아올 때마다 식당에 들어가 밥을 짓고 설거지도 맡아서 했다.

영남에 있는 가나안농군학교는 그렇게 아내의 믿음과 헌신적인 노력으로 탄생했다. 민족 지도자를 양성하고 싶다는 꿈은 내가 조용히 꾸었지만, 기가 막힌 타이밍에 그 꿈을 발견하고 실현할 수 있게 초석을 다진 사람은 바로 아내였다.

06

아내의 기도와
그 결과

 나는 딸 여섯을 둔 딸부잣집 아빠다. 딸 여섯이 모두 무탈하게 자라줘서 지금은 더없이 감사하지만, 우리 아이들이라고 해서 모범적으로만 성장한 것은 아니었다. 이 아이는 이래서 속을 썩이고, 저 아이는 저래서 속을 썩였다. 우리 가정도 남들과 다를 바 없는 양육 과정을 거쳤다. 아이들을 바라보는 우리 부부의 마음도 다른 부모와 다를 바 없었다. 공부도 좀 더 잘했으면 좋겠고, 신앙도 반듯하게 자라길 소원했으며, 집에서나 밖에서나 말 잘 듣는다는 소리를 들으며 컸으면 했다.

 어느 부모든 아이에 대해 바라는 마음은 다 같을 것이다. 하지만 아이들은 그런 부모의 마음을 아는지 모르는지 각자 자기의 개성과 결을 따라 일정치 않은 모습으로 자라난다. 그러다 보니 부모는 아이를 양육하면서 당황스러운 시간을 보낼 때가 많다.

좌충우돌 아이들, 한결같은 아내

우리에게도 때때로 그런 시간이 찾아오곤 했다. 다른 사람들이 볼 때는 한없이 성실하고 바르게만 자라는 것으로 보였을 우리 아이들도 성장 과정에서 부모를 당혹시키는 일이 종종 있었다. 특히 여섯 아이의 관심 분야나 재능이 제각각이어서 음악 분야, 공과 분야, 경영 분야, 의과 분야, 체육 분야에 꿈을 갖고 도전했는데, 그 과정에서 자녀들마다 어떤 가르침을 주고 어떻게 도와야 하는지의 문제는 풀기 어려운 숙제처럼 느껴졌다.

그런데 그런 일이 있을 때마다 내가 놀란 것은 아내의 한결같은 태도였다. 아내는 문제와 마주할 때면 늘 담요를 싸들고 교회로 향했다. 아이들을 위한 작정 철야기도에 들어간 것이다. 남편인 내가 보기에도 "이 사람은 아이들을 기도로 키웠습니다" 하고 말할 수밖에 없을 만큼 아내는 아이 교육에 대한 모든 지침을 기도로 응답받아 해결하곤 했다. 아니, 어떤 면에서 아내는 기도를 사명처럼 여겼던 것 같다. 기도하기에 앞서 행동하면 안 되고, 기도한 뒤에는 반드시 행동하는 사명자의 모습을 보여주었다.

그래서인지 기도 후의 아내는 언제나 용감하고 담대한 행동가였다.

"응답받았어요."

그 말이 아내의 입에서 나오면 여지가 없었다. 아내는 기도가 호흡이라는 표현에 걸맞은 사람이었다. 밤에는 눈물로 기도하며 하나님과 대화를 주고받고, 낮에는 그 응답에 따라 담대하게 행동했다. 아내의 삶은 한 마디로 기도하고, 뛰고, 다시 기도하는 나날의 연속이었다.

셋째 아이의 사춘기 때도 아내의 모습은 변함이 없었다. 첫째는 음악, 둘째는 공부에 두각을 나타내자 아내는 셋째 아이에게 성악을 가르치고 싶어 했다. 사춘기 전까지는 합창단원으로 활동하며 재능 있다는 소리도 꽤 들었으므로 성악 공부를 하는 데는 별 무리가 없어 보였다. 그런데 셋째는 사춘기를 거치면서 공부나 성악 쪽보다는 체육을 하고 싶다는 말을 종종 했다. 아이도 자기 나름대로 방황 아닌 방황의 시간을 보냈던 듯하다. 그러자 아내는 곧바로 기도에 들어가더니 주저 없이 체육을 할 수 있는 중학교로 셋째를 전학시켰다.

전학 후에도 셋째는 친구들과 합숙하며 운동을 한다거나 친구들과의 의리를 지킨다며 친구 집에서 생활하는 등 불안정한 모습을 보였다. 왜 셋째가 안 보이느냐고 물으면 "벌써 며칠째 친구네 집에서 생활하고 있어요" 하는 대답이 들려오곤 했다. 심하게 말썽을 부리지는 않았어도 불규칙적이고 불안정하게 생활하는 것을 지켜보는 부모의 마음이 편할 리 없었다.

아내는 어느 날부터 또 이불을 싸들고 밤마다 교회에 가서 작정기도를 시작했고, 기도는 40일 동안 계속되었다. 아내는 밤새 셋째 아이를 위해 기도하고 아침이면 집에 돌아와 다른 아이들의 아침식사를 챙겼다.

아내의 기도에 대한 응답이었다고 나는 믿는다. 아내가 기도한 지 딱

40일 만에 셋째가 스스로 집에 돌아왔다.

"이제부터는 친구 집에서 자는 일 없이 규칙적으로 생활하며 성실한 체육인이 될게요."

그 말대로 셋째는 그 뒤부터 성실하게 잘 자라서 체육대학을 졸업했다. 그리고 원주에 있는 가나안농군학교에서 교육을 받고 교관생활을 했다. 셋째는 가나안농군학교에 들어가 평생 헌신하겠다는 마음으로 지금도 남편과 함께 새벽이면 뛰고 기도하는 가나안 생활을 계속하고 있다.

아내의 기도가 가족의 인생을 바꾸다

셋째 아이 이야기를 예로 들었지만, 다른 아이들의 성장 과정에서도 아내는 기도를 멈추지 않았다. 비단 아이들 교육법으로뿐만 아니라 남편을 위한 아내의 내조법도 단연 '기도 내조'라 할 만했다. 어떤 면에서 아내는 아이들보다 나를 위한 기도를 더 많이 했을 것이다. 매사에 모험적이고 승부 근성이 강한 남편이 벌여놓은 일들을 떠올리면 기도할 거리가 한두 가지가 아니었을 것이기 때문이다.

몇 년 전 나는 목사 안수를 받았다. 그러고 나서 얼마 뒤 아내가 내게 해준 말은 아내가 어떻게 살아왔는지를 단적으로 보여주었다.

"참 놀랍게도 당신에 대해서는 내가 원하는 대로 다 됐어요. 기도한 대로 모두 응답을 받았으니까요. 당신이 목사가 될 거라고 누가 생각이나 했겠어요? 그런데 그것도 사실은 기도에 대한 응답이었어요. 나는 당신이 목회자가 되어서 참 감사해요."

아내의 말을 듣고 보니 기도의 힘이 새삼스레 놀랍고 감탄스러웠다. 어린 시절 잠깐 교회에 다닐 때 나는 교회 어르신들에게 목사가 되라는 말을 종종 듣곤 했다. 심지어 몇몇 분은 나를 서울로 보내 목사 공부를 시켜주겠다고 하기도 했다. 하지만 믿음이 없었던 부모님은 그런 이야기에 화를 냈고, 이 때문에 오히려 교회를 점점 멀리하게 되었다.

그러던 내가 아내를 만나 다시 신앙생활을 시작했고, 시아버님의 구원을 위한 아내의 기도가 응답되어 아버님도 소천하시기 전에 예수님을 그리스도로 영접했다. 무엇보다 포기할 줄 모르는 승부사 기질을 지닌 사업가였던 내가 모든 것을 내려놓고 늦은 나이에 목회자의 길로 들어섰으니, 한 사람의 기도가 얼마나 놀라운 변화를 가져오는지 말로 다 할 수가 없다.

기도의 힘 덕분인지 아내는 늘 힘 있고 당당하게 살아간다. 겉으로 보기엔 그저 순박하고 평범한 아줌마지만 하나님 앞에 기도하고 결정한 사항에 대해서는 두려움 없이 과감하게 행동하기 때문에 때로는 여전사처럼 보이기도 한다. 내가 평생 이룬 회사를 내려놓을 때도 아내는 일말의 망설임마저 떨쳐낼 수 있도록 용기를 북돋아주었다.

"당신이 그 사업을 놓으면 하나님께서 당신을 더 크게 쓰실 테니 아무 염려 말고 과감하게 내려놓으세요."

우리는 모두 꿈꾸는 사람들이다. 우리는 그 꿈을 향해 나아가기 위해 서라도 기도해야 한다. 꿈꾸는 우리가 기도하기 시작할 때 애굽을 떠나 광야로 걸음을 내디디게 되고, 하나님께서 친히 우리의 꿈을 완성해가시며 우리를 꿈의 가나안으로 이끌어주실 것이다.

07
나의
건강관리 비법

지금은 자연적으로 자란 농작물을 만나기가 하늘의 별 따기처럼 어렵다. 시장에서 우리가 구입해서 먹는 대부분의 채소는 빨리 키워서 내다팔려고 주는 성장촉진제와 농약을 맞으며 비닐하우스에서 자란 것들이다. 이렇게 자란 식물의 영양 성분을 분석해보면 자연 상태에서 정상적으로 자란 식물의 10~50퍼센트 정도밖에 안 된다는 보고도 있다. 이는 당연한 결과다. 영양은 모든 박자가 맞을 때 생성되는 법이다. 풀이 영양소를 만들려면 햇볕을 쬐어야 하고, 땅에 있는 미네랄도 빨아들여야 하며, 충분한 시간이 반드시 필요하다.

우리가 신토불이(身土不二)를 외치는 이유도 이와 관련이 있다. 미국을 비롯한 선진국의 넓은 땅에서는 대량재배를 할뿐더러 추운 지역은 사계절 내내 춥지만 남쪽으로 올수록 추운 계절이 별로 없고 사계절 내내 따뜻한 편이다. 즉, 사계절 내내 식물을 재배할 수 있다는 말이다. 이에 비해 우리나라는 사계절 동안 덥고 추운 날씨가 반복된다. 식물을 길러내는 토지도 또 그 토지에서 자라는 식물도 여름의 땡볕과 겨울의 강추위를 견뎌내야 한다. 즉, 우리 땅에서 자라난 식물은 그렇게 추위와 더위를 견디며 자라기 때문에 우리 몸에 필요한 강인한 영양소를 그 속에 담아낼 수 있는 것이다.

옛날에 우리 아버지, 어머니가 드셨던 음식은 바로 그런 영양 덩어리였다. 비록 맛없고 가난한 밥상이었지만 돌나물무침, 찐 감자, 구운 고구마 하나에도 우리 몸을 살리는 영양소가 충분히 들어 있었다. 그런데 지금은 더 맛있게 무쳐 먹고 각종 소스를 곁들인 고기류를 풍성하게 먹는데도 오히려 우리 몸의 기능은 현저히 떨어지고 있다. 감기도 자주 걸리고, 전에 없던 각종 질병들이 우리를 공격한다. 그때마다 우리 몸의 면역력은 비상사태다.

건강에 눈을 뜨다

몸에서 필요로 하는 필수영양소가 부족할 경우 사슬처럼 촘촘하게 엮여 있던 면역력이 끊어지면서 세포 하나하나가 힘을 잃는다. 우리 몸이 모든 병에 대한 방어 능력을 잃는 면역력 저하 상태가 되는 것이다. 그와 동시에 우리 몸은 외부의 세균이나 바이러스 등의 공격에 저항하지 못해 쉽게 병에 걸린다.

따라서 건강을 관리한다는 말은 곧 몸의 저항력, 즉 면역력을 기르는 일이라고 할 수 있다. 내가 평생 건강기능식품, 그중에서도 홍삼에 주력한 이유가 이것이다. 우리나라 대표 식품인 홍삼은 특정한 병을 고쳐준다기보다는 몸의 면역력을 키워서 치료에 도움을 주고, 몸속의 면역세포를 활성화시킴으로써 외부에서 들어오는 공격세포에 저항할 수 있게 돕는 역할을 뛰어나게 해낸다.

특히나 빠르게 인스턴트화하는 이 시대에는 음식만으로는 영양을 고루 섭취하기가 점점 더 어려워지고 있다. 단적인 예가 흰쌀밥이 보편화된 식단이다. 쌀눈에 있는 휘친산 성분이 우리 몸의 세포를 살리는데도 사람들은 현미밥을 멀리하고 흰쌀밥을 즐긴다. 그래서 지금은 밥은 그저 배부르기 위해 먹을 뿐이고 부족한 영양소는 따로 공급해주어야 하는 시대라고 해도 과언이 아니다. 실제로 미국에서는 아침식사 후 물을 마시듯 몇 가지 영양제를 먹고 하루를 시작하는 게 보편화되어 있다.

우리도 내 몸에 영양소를 고루 보충해줄 제품을 찾는 데 힘쓸 필요가 있다. 그런 다음에는 그 제품을 좀 더 저렴하게 구입해서 꾸준히 섭취할 수 있도록 발 빠르게 변해가는 유통 시스템을 공부하며 합리적 소비를 해야 한다.

나는 영양소를 공급하는 것 외에도 당뇨를 조절하기 위해 현미를 꼭꼭 씹어 먹거나 생야채를 잘라 먹는 등 식단 조절도 열심히 하고 있다. 또한 날마다 30분씩 반신욕으로 혈액순환이 잘되게 하는 일도 중요한 일과 중 하나로 자리 잡았다. 그 결과 몸이 점점 가벼워지고 체중도 많이 줄었다.

몸이 가벼워지니 인생 후반기의 꿈을 향한 걸음도 한결 가볍다. 몸이 건강하면 아플 때는 미처 돌보지 못했던 가족과 지인들에게도 좀 더 신경을 써가며 함께 꿈꿀 수 있는 여력이 생긴다. 그래서 나는 주변 사람들에게 늘 건강관리의 중요성을 당부한다. 우리의 몸이 건강해지는 만큼 꿈을 향한 걸음에도 생명력이 넘치기 때문이다.

건강관리에도 필요한 절제

물질을 관리하는 데 있어서는 절제하는 만큼 자유를 누릴 수 있다. 그런데 이러한 절제력은 건강관리에도 똑같이 적용된다. 무엇을 더 먹느냐도 건강관리의 중요한 문제지만, 무엇을 덜 먹느냐 하는 절제력 또한 건강관리의 핵심이다.

나는 평소 건강관리를 잘하는 편이었는데도 인생의 한 시점에 심각한 고혈당에 노출되었던 적이 있다. 물론 아팠던 그 시간도 하나님의 은혜 아래 놓인 시간이었다고 할 수 있지만, 당시로선 합병증까지 염려할 만큼 혈당 조절이 어려워 무척이나 애를 태웠다.

그때 만난 의사 선생님의 이야기는 식품을 다년간 연구한 내게 신선한 건강관리 지침이 되었다. 당시 당뇨라든가 고혈압 같은 병도 치유될 수 있느냐는 나의 질문에 의사 선생님은 이렇게 대답했다.

"예, 물론 치유가 됩니다."

일반적으로 혈압이나 당뇨는 완치가 되지 않는다는 것이 상식이었으므로 나는 그분의 대답에 눈을 동그랗게 뜨고 되물었다.

"아니, 어떻게 치료가 됩니까? 이건 치료가 안 되는 병 아닙니까?"

"회장님, 흔히 그렇게 알고 있지만 자신이 조절을 잘해서 영원히 혈압이 오르지 않게 하거나 혈당이 오르지 않으면 그것으로 치료가 된 것이지요. 당뇨약이나 혈압약을 먹으며 혈당이나 혈압을 조절하면 평생 환자입니다. 하지만 약을 먹지 않는 상태에서 운동을 열심히 하고 먹지 말아야 할 음식도 끊어서 혈당이 안 올라가면 그 사람은 더 이상 환자가 아닌 겁니다."

그 말씀에 나는 건강에 대해 새로운 시각을 갖게 되었다. 꼭 완치돼야만 치유가 아니라 나쁜 상태가 나타나지 않도록 계속 조절할 수 있다면 그 또한 치유라는 개념이 성립된다는 것이다.

그 일을 계기로 나는 더욱더 건강관리에 힘쓰게 되었다. 현미밥으로 식단을 바꾼 것은 물론 육식과 밀가루 음식, 당뇨에 안 좋다는 음식은 거의 입에 대지 않았다. 중요한 미팅을 할 때는 할 수 없이 식당 음식을 먹었지만, 먹고 난 뒤에는 활발한 배설 활동을 위해 땀을 흘리며 운동하는 것도 게을리하지 않았다.

아내는 이런 나를 적극적으로 도와주었다. 적극적이라는 건 가족의 식단을 바꾸되 나만의 식단을 따로 짜는 것이 아니라 온 가족의 식단 자체를 바꿨다는 의미다. 나만을 위한 환자 식단을 따로 짜고 가족들은 고기

냄새 풍기며 입맛 당기는 대로 먹었다면 환자인 나는 그 음식을 먹지 못해 스트레스를 받았을 것이다. 또한 가족들은 가족들대로 나와 같은 병에 걸릴 확률이 높아졌을 것이다.

꿈을 가진 사람이라면 절제의 능력으로 건강을 관리해야 한다. 하나님의 아들이신 예수님께서도 사명을 위해 40일간 금식기도를 하셨다. 그런데 하나님 나라의 미션을 수행해야 하는 우리가 절제를 하지 않는다면 예수님을 잘 따르고 있는지에 대해 근본적인 의문을 가져야 하는 대목이다.

실천하는 신앙

세상에 태어나서 한 번이라도 꿈을 꿔보지 않은 사람은 없을 것이다. 만약 그런 사람이 있다면 그는 사람이라 하기 어렵다. 그만큼 사람은 어릴 적부터 '나는 이다음에 어떤 사람이 될까?' 하고 끝없이 꿈을 꾼다. 되고 싶은 것, 하고 싶은 것이 많아 며칠 사이에 꿈이 바뀌는 경우도 허다하다.

그런데 꿈을 이룬 사람이 신문에 실릴 만큼 꿈을 이루는 것이 왜 그렇게 힘들까? 왜 많은 사람이 꿈을 이룬 사람들을 부러워하며 박수만 쳐주다가 인생을 마감하는 것일까? 꿈을 이룬 사람과 꿈을 이루지 못한 사람의 차이는 어디에서 오는 것일까?

내 주변에는 삶의 거울이 되어 길을 알려주시는 스승이 몇 분 계신다. 동서학원 설립자요 21세기포럼 이사장과 국회부의장을 지내신 장성만 목사님, 가나안농군학교(원주) 교장이자 세계가나안농군운동본부의 총재이시고 한동대 이사장을 지내신 김범일 장로님, 부산수영교회 담임 목사님이셨던 이한석 목사님과 부산고등법원장을 지내셨고 현 로고스 로펌의 대표변호사인 양인평 장로님, 사랑의교회 오정현 목사와 새로남교회 오정호 목사의 부친이신 오상진 목사님, 말씀 설교를 배워준 영락교회 김운성 목사님 그리고 성경을 통전적으로 보는 눈을 열어준 에스라하우스의 노우호 목사님이 그분들이다.

하시는 사역의 영역도 다르고 성격이나 스타일도 모두 다르지만 나는 이분들에게서 공통점 몇 가지를 발견했다. 그중 하나가 긍정이었고, 다른 하나는 실천력이었다. 어쩌면 이분들은 모두 하나님을 향한 믿음이 굳건했기 때문에 누구보다 긍정적일 수 있었고, 그 긍정의 힘을 바탕으로 강한 실천력을 갖고 계셨는지 모른다. 이분들은 '이렇게 하는 것도 가능하구나!' 싶을 만큼 놀라운 실천력을 보여주셨다.

사실 모든 일의 시작은 남다른 생각에서 나온다. 발상의 전환을 강조하는 것도 그런 이유에서다. 그런데 그와 같이 남다른 발상도 생각에만 그치면 '몽상'이 되지만, 그 생각을 현실로 옮겨 실제로 행할 때는 '보배'가 된다. 나의 상상력과 발상을 특별하게 만드는 비결은 바로 실천력이다.

생각과 실천은 책 한 권의 차이

생각과 실천의 차이는 책 한 권의 차이다. 사람이 한평생을 살다가 그 삶의 족적을 책 한 권으로 남기고 간다는 점에서 그 한 권의 가치는 일생의 가치와도 비교할 수 있다. 즉, 우리가 가지고 있는 생각도 실천의 유무에 따라 한 권의 책으로 남길 만한 무엇이 되느냐 그러지 못하느냐가 결정될 수 있다는 것이다.

그런데도 사람들은 꿈을 실현하기 위한 생각은 열심히 하면서도 그 생각을 행동으로 옮기는 일에는 더디다 못해 게으르다. 참신하고 탁월한 발상을 하고도 그 꿈을 위한 발걸음을 떼는 데 시간이 오래 걸리면 그 꿈은 머릿속을 맴돌다 결국 공중으로 증발될 여지가 많다. 행동 없는 믿음이 죽은 믿음이듯 실천 없는 꿈은 아무런 열매도 맺을 수 없다. 우리의 머리와 가슴속에 잉태된 꿈의 씨앗이 자라서 가지를 뻗고 꽃을 피우고 생명의 열매를 맺게 하는 힘은 바로 농사짓기, 즉 실천에 있다.

믿음이란 무엇인가?

"믿음은 바라는 것들의 실상이요 보이지 않는 것들의 증거니"(히브리서 11:1) 하나님을 믿는 그리스도인들은 아직 보이지 않는 미래에 대해서도 믿음의 눈으로 바라보면서 아무 의심 없이 확고한 신뢰를 가지고 전진하는 사람들이다. 그와 같이 전진하는 걸음이 바로 실천력이며, 우리는 실천을 통해 꿈의 열매를 거두는 사람들이다.

믿음과 꿈은 밀접한 관련이 있다.

성경에도 요셉의 꿈, 마리아의 꿈, 베드로와 바울의 꿈과 환상 등 여러 꿈이 등장한다. 그 꿈을 통해 하나님은 당신의 뜻을 친히 알려주셨다. 지금도 꿈을 통해 하나님께서 당신의 뜻을 보여주신다고 믿고 그런 사역에 집중하는 분들이 있다.

믿음은 우리를 꿈꾸게 한다.

왜냐하면 믿음은 바라는 것들의 실상이기 때문이다. 그래서 믿는 사람들은 끊임없이 바라며 기도하고, 끊임없이 소망하며 일한다. 내 삶에 하나님 나라가 도래할 것이고 죽어서 영원한 천국에 간다는 믿음이 없다면 기도할 이유도, 열심히 살아야 할 이유도 없을 것이다. 그저 주어진 시간 동안 내 마음이 가는 대로 안락과 쾌락만 좇으며 살다가 죽어 한 줌의 재로 사라지면 그만이다.

그러나 우리는 인생이 영원으로 이어진다는 것을 믿음의 눈으로 이미 보는 사람들이다. 유아기의 삶은 청소년기로 이어지고 청소년기는 청년기로, 청년기는 중년기로, 중년기는 노년기로 이어지며 이생의 삶은 영원의 세계로 이어진다. 우리는 그것을 알기에 끊임없이 꿈을 꾸며 오늘도 한 걸음 한 걸음 내디디고 있는 것이다. 그래서 나는 믿음이 충만할수록 꿈을 더 많이 꾸고, 그 꿈이 뜨거울수록 실천의 걸음도 한층 더 빨라질 수밖에 없다고 믿는다.

"일하기 싫거든 먹지도 말라"

가나안농군학교의 설립자이신 김용기 장로님이 가난으로 피폐해진 조국을 보며 민족의 가나안 복지를 꿈꿨을 때 "일하기 싫거든 먹지도 말라"고 외치셨던 이유가 여기에 있다. 일한다는 것은 곧 실천을 뜻한다. 김용기 장로님은 조국을 사랑하는 만큼 이 나라에 가나안 복지가 실현될 것이라고 굳게 믿으셨다. 그 믿음을 근거로 꿈을 꾸셨고, 그 꿈 때문에 일할 것을 그토록 강조하셨던 것이다. 심지어 "반드시 4시간씩 일하고 음식 한 끼를 먹자"고까지 하셨다. 이는 꿈을 위한 실천의 걸음을 내디디는 것이 우리가 이 땅을 살아가는 이유라는 뜻이기도 하다.

믿는 이들에게 실천을 강조하면 간혹 "오직 믿음으로만 구원에 이른다"는 성경의 진리를 내세워 실천과 일의 무익함을 주장하는 사람도 있다. 실천을 강조하는 것은 믿음 없는 사람들의 공로주의가 아니냐고 반박하기도 한다. 우리의 구원이 믿음으로만 이루어진다는 것은 만고의 진리다. 우리를 향하신 하나님의 은혜야말로 분명 구원을 이루는 절대적 요소다.

그런데 우리는 한 가지 진실에 직면할 필요가 있다. "오직 믿음으로만 구원에 이른다"고 그토록 강조한 성경은 동시에 이렇게 기록하고 있다. "우리는 그가 만드신 바라 그리스도 예수 안에서 선한 일을 위하여 지으심을 받은 자니 이 일은 하나님이 전에 예비하사 우리로 그 가운데서 행하게 하려 하심이니라"(에베소서 2:10).

구원은 하나님을 믿는 믿음으로 이루어진다. 하지만 그렇게 구원받아 하나님을 아버지라 부르게 된 하나님의 자녀라면 선한 일, 즉 믿음으로 인한 실천(행동)을 하는 것이 당연하다. 믿음이 있으면 꿈꾸게 되고, 꿈꾸는 사람들은 일해야만 꿈의 아름다운 열매, 믿음의 온전한 결실을 맺을 수 있는 것이다.

　그래서 야고보서에서는 "영혼 없는 몸이 죽은 것같이 행함이 없는 믿음은 죽은 것"이라고 강력하게 외치고 있다. 우리에게 영원한 생명을 얻게 하는 믿음이 있다면 선한 일을 위한 실천이 자연스럽게 뒤따라야만 한다. 우리가 구원받은 자라면 그만큼 더 왕성하게 선한 일을 실천해야만 한다.

09

갓 퍼스트(God First)

나는 누가 보더라도 행동파다. 누구 못지않게 강한 추진력과 모험심으로 행동하기를 두려워해본 적이 별로 없다. 돌이켜보면 나의 이런 기질 덕분에 그동안 여러 사업도 할 수 있었던 것 같다. 그런데 강력한 실천력이 무조건 다 좋은 것은 아니다. 과유불급(過猶不及)이란 말도 있듯 어디로 튈지 모르는 원칙 없는 실천력은 오히려 독이 될 수 있다. 즉, 행동하되 원칙과 기준이 있어야 열매를 향한 걸음이 된다는 이야기다.

나는 30대 초반까지만 해도 원칙과 기준 없이 무조건 전력질주를 하다시피 하며 살았다. 그러나 가나안농군학교에서 예수님을 만난 뒤부터는 차츰 행동의 기준을 고민하기 시작했다. 그 무렵 뜻하지 않게 사업의 첫 번째 위기를 맞게 되었다. 사업은 외환 위기 같은 시대적 흐름이나 경제 구조에 민감하게 반응하는 법이다. 첫 번째 위기를 포함해 내가 겪은 총 세 번의 위기도 모두 어떤 시대적 흐름과 밀접한 연관이 있었다. 그것은 내가 어려움을 겪을 때 다른 사업장들도 나와 마찬가지로 위기를 맞고 있었다는 뜻이기도 하다.

당시에도 사업을 뒤흔들 만한 폭풍우가 우리 사업장을 비롯한 다른 사업장에도 휘몰아치고 있었다. 비교적 젊은 나이에 성공을 거두어 사업을 확장했던 나는 갑자기 들이닥친 위기로 몇 군데 기업의 어음을 막지 못해 부도를 내고 말았다. 그것은 곧 재기할 수 있는 방법이 막혔다는 뜻이기도 했다. 아무리 사업장이 어려워져도 거래처만 남아 있으면 물건을 팔아 사업을 회복시킬 수 있는 법인데, 부도로 거래처가 모두 끊겨버리는 바람에 그 길이 아예 막혀버린 것이다.

부도와 죽음의 위기 앞에서

나는 주저앉는 법을 몰랐다. 위기를 맞았지만 결코 거기에 굴복할 수 없었다. 부도를 냈지만 공장은 여전히 가동되고 있었다. 나는 '이 좋은 건강식품을 어떻게든 팔아서 사업을 다시 일으켜야겠다'는 마음으로 물건을 들고 직접 판로를 개척하기 시작했다. 어차피 영업으로 시작한 사업인 만큼 다시 영업 전선에 뛰어드는 것이 전혀 어색하지 않았다. 관리는 직원들에게 맡기고 나는 2.5톤 트럭에 몸을 실은 채 전국을 돌았다. 동네 골목골목을 누비고 다니며 마이크를 잡고 제품을 알리는 것은 물론 마을회관 같은 데 자리를 잡고 목이 터져라 외쳤다.

"공장도 가격으로 좋은 건강식품을 팝니다. 많이들 오셔서 구경하세요!"

그렇게 홍보와 판매를 직접 하며 하루 종일 뛰다 보면 밤이 늦어서야 잠자리에 들 수 있었다. 그때는 트럭 위가 내가 쉴 수 있는 유일한 장소였다. 모기약을 사방에 빙 둘러 치고 하늘을 보면, 젊은 날의 내 꿈처럼 반짝이는 별들이 내게 힘을 내라고 말하는 것만 같았다. 그때마다 나는 "주님!"을 부르며 다시 일어설 수 있게 해달라고 기도했다.

그런데 이상하게도 기도를 하고 나면 가족 생각이 더 간절해졌다. 당시 기업이 어려워지면서 건강에도 비상이 걸려 나는 간경화 상태로 강행군을 하고 있었다. 입원하라는 의사의 권유도 뿌리친 채 전국 순회를 떠나는 나를 위해 아내는 인진쑥을 건네주었다. 나는 아내가 만들어준 인진쑥을 먹으며 간신히 하루하루를 버텼다. 그래서였을까. 평소에는 전혀 해보지 않은 생각이 머릿속을 맴돌았다.

'만약 내가 죽는다면…….'

이렇게 계속 강행하다가는 죽을 수도 있었다. 죽음에 대해 실제적으로 생각해본 적이 없던 나는 그제야 사람이 언젠가는 반드시 죽음 앞에 직면한다는 사실을 인정하게 되었다. 언제 죽을지는 모르지만 죽음이라는 게 반드시 도래한다고 생각하니 삶을 잘 정리하며 살아야겠다는 마음이 강해졌다. 언젠가 이 땅을 떠나 하나님 앞에 섰을 때 조금은 덜 부끄러운 모습이어야겠다는 생각도 들었다.

'예수님을 믿더라도 적당히 믿지 말고, 심판 날에 나를 위해 변론하실 예수님을 나의 구주로 모시며 살아야겠다.'

모기떼가 윙윙거리는 한여름 밤의 트럭 위에서 나는 나를 위해 죽으시고 나의 구원자가 되어주신 예수님을 생각하며 눈물을 흘렸다. 예수님으로 인해 영생을 얻게 되었으니, 내가 언제 죽더라도 이생에서의 남은 삶은 예수님께서 바라시는 모습대로 살아야겠다는 각오도 뜨겁게 일어났다.

"이제부터 제 인생의 행동 기준은 예수님입니다!"

나는 자기 확신이 강한 사람이어서 어찌 보면 내가 생각하는 것에 확신을 가지고 살아왔다고 할 수 있다. 그런데 한여름 밤의 트럭 위에서 내 삶의 세계관이 바뀌고, 내 삶의 기준이 완전히 바뀌는 일이 일어났다. 그로써 내 모든 행동의 첫째 기준은 '내 뜻'이 아니라 '하나님의 뜻'이 되었다. '예수님이라면 어떻게 하실까?'를 먼저 생각하게 된 것이다.

"하나님, 이제부터 하나님이 제 인생의 첫 번째 순위입니다!"

우선순위를 정하고 보니

그렇게 고백하고 나니 이번에는 인간관계의 우선순위도 따져보고 싶다는 마음이 들었다.

'내가 죽는다면 가장 원통해할 사람은 아내일 것이고, 그다음이 부모

님, 그다음이 자식, 그다음이 직원들이겠구나.'

사실 그전까지는 한 번도 그렇게 생각해본 적이 없었다. 나는 친구를 위해 살고 친구를 위해 죽는 사람이었다. 내게 가장 소중한 사람은 친구였지 아내나 가족이 아니었다. 오죽하면 평소 일 중독자처럼 살다가도 친구가 찾아오면 망설임 없이 나가서 어울리고, 친구가 어렵다고 하면 주저 없이 돈을 주었겠는가.

죽음을 가정하며 내 삶의 원칙과 기준을 하나하나 정리해보던 나는 그동안 인간관계의 우선순위가 잘못되었다는 것을 깨달았다. 하나님도 나와 가장 가까운 짝인 아내부터 먼저 돌아보고, 그다음에 부모님, 그다음에 자식, 그다음에 직원들, 그다음에 친구 순으로 돌아보고 섬기며 점차 인간관계의 범위를 확장해 나가라고 말씀하시는 것 같았다. 부모님보다 아내를 앞에 둔 것은 부모님에게는 효자인 형님과 동생이 있어서 걱정이 조금 덜했기 때문이다.

그렇게 인간관계의 우선순위를 조용히 바꾼 그날부터 나는 완전히 다른 사람이 되었다. 권위적이기만 하던 남편이 어느덧 아내의 말에 귀를 기울이게 되었고, 부모님 편에만 섰던 내가 부모님 앞에서도 아내 편을 들어주며 아내를 세워주었다.

직원들의 입장이 되어 기업을 경영하게 된 것도 그때부터였다. 그전까지는 내게 천만 원이 있으면 어려운 친구들을 돌보는 데 썼지 어려운 직원들을 돕는 데는 인색했다. 그런데 이후로는 우선순위 원칙에 따라 내게 맡겨진 직원들을 사랑하고 섬기는 일에 최선을 다하기 시작했다. 나의 스케줄을 직원들에게 투명하게 공개하고, 직원들이 일할 때 나도 함께 일했으며, 직원들이 힘들어할 때는 함께 울어줄 수 있는 사람이 되려고 노력했다. 내가 이날 이때껏 골프도 칠 줄 모르고 어디 놀러 다닐 줄도 모르는 사람이 된 것은 그때 직원들의 자리로 내려가 함께 살기로 했던 다짐 때문이라고 할 수 있다.

그 뒤 내 삶에는 실제적인 변화가 찾아왔다. 믿음이 자라났고, 가정에는 평화가 임했으며, 기업은 성장에 성장을 거듭했다. 나는 단지 내 행동의 기준과 우선순위를 바꿨을 뿐인데, 마치 황무지에서 장미꽃이 피어나듯 내 삶에 놀라운 변화가 찾아왔던 것이다.

10

죽음을 이기는 꿈

일반적으로 사람들은 인생을 2단계 또는 3단계로 나눈다. 2단계로 나누는 경우는 일반적으로 인생 50을 기준으로 해서 전반기와 후반기로 나누는데, 간혹 어떤 이들은 오늘까지를 전반기, 내일부터를 후반기로 보고 인생 경영을 구상하기도 한다. 3단계로 나누는 기준도 이와 별반 다르지 않다. 어린 시절부터 30대까지를 '배우는 과정', 30대부터 60대까지를 '벌어들이는 과정', 60대부터 90대까지를 '마무리하고 나누는 과정'으로 나눈다.

2단계가 됐든 3단계가 됐든 인생 경영 계획을 세운다는 것은 결국 인생의 마지막이 반드시 온다는 사실을 염두에 둔 발상이다. 즉, 어느 누구도 예외 없이 사람은 반드시 유년기, 청년기, 중년기, 노년기를 거쳐 인생의 끝을 맞이한다는 것이다.

이렇게 인생의 끝이 있다는 것을 알고 마지막을 준비하는 사람과 그렇지 않은 사람의 삶은 180도 다를 수밖에 없다. 앞에서 내가 고백한 대로 마지막이 있다는 것을 알고 살면 삶의 가치와 삶의 내용, 삶의 방향과 목적 자체가 완전히 달라진다.

우리 인생의 진실

쉬운 예로 6개월 시한부 선고를 받은 환자의 삶을 상상해보라. 그는 남은 6개월을 그냥 살지 않을 것이다. 하루를 살아도 가장 가치 있고 행복하게 보낼 수 있는 길을 찾아 1분 1초를 소중히 여기며 살 것이다. 매일 매 순간 만나는 사람들을 다시는 만날 수 없는 이들처럼 귀하게 여길 것이고, 내가 가진 기술이나 재능, 물질을 남아 있는 사람들에게 조금이라도 더 나눠주려고 애쓸 것이다. 마지막 피 한 방울까지 쏟아 붓는 심정으로 사랑하는 이들을 위해 아낌없이, 남김없이 주고 가려 할 것이다. 이것이 바로 시한부 선고를 받은 사람의 마음이다.

나는 이것이 우리 인생의 진실이라고 믿는다. 누구나 죽음 앞에 서면 하나님께서 의도하신 인간 고유의 아름다운 인생을 제대로 살게 된다는 것이다.

그러나 인생의 마지막을 염두에 두지 않으면 이와는 정반대의 삶을 살게 된다. 시간의 소중함을 생각하며 자신이 만나는 사람들에 대한 사랑의 온도를 높이기보다는 나태하게 인생을 허비할 것이다. 또는 그 반대로 내 뜻, 내 욕심, 내 소유에 대한 한없는 집착으로 점철된 인생을 살아

갈 수도 있다.

'죽음을 의식하고 산다는 것'은 죽음으로 모든 것이 끝나버리는 게 아니라 죽음이 '영원'으로 이어지는 또 다른 시작이라는 것을 알고 산다는 뜻이다. 반면 영원의 삶을 모른 채 살아가는 사람은 그날그날 마음 가는 대로 살다가 한 줌 재로 사라지면 그뿐이라는 허무적이고 이기적인 태도로 살아간다. 어찌 보면 살아가는 게 아니라 죽어가는 불쌍한 인생인 것이다.

하나님은 우리의 인생을 태어남과 죽음이라는 시간 속에서 매우 복되게 설계하셨다. 하나님의 형상대로 지음을 받아 이 땅에 태어나게 하시고, 하나님과 이웃을 사랑하며 복되게 살게 하시며, 마지막 날에 하나님 나라에 영광스럽게 들어가 영원히 살게 하셨다. 그것이 태어남이고, 죽음이다.

죽음은 결코 끝이 아니라 영원으로 들어가는 새로운 시작이다. 그런 면에서 죽음은 결코 두려워할 대상이 아니다. 오히려 죽음은 우리의 소망이며, 우리의 축제다. 오죽하면 예수님을 잘 믿고 이웃을 사랑하며 살았던 사람이 죽음을 맞으면 '장례식'이라 하지 않고 '천국환송예배'라 하겠는가.

그렇기는 해도 사람들은 일반적으로 죽음을 가장 두려워한다. 죽음이 끝이라는 세계관에서 비롯된 이 두려움 때문에 우리는 다양한 공포와 슬픔, 절망과 좌절의 상태에 빠지기도 한다. 그래서 어떻게든 죽음을 피하고 싶어 한다. 가까이하려고 하지 않는다. "너는 나를 두 번 죽였다"는 말이 가장 독한 말이 되는 까닭도 같은 맥락이다.

그런데 이와 같이 가까이하기를 꺼리는 죽음을 한 번도 아니고 두 번도 아닌, 날마다 가까이하며 살기를 원하는 사람이 있었다. 바로 사도 바울이다. "형제들아 내가 그리스도 예수 우리 주 안에서 가진 바 너희에 대한 나의 자랑을 두고 단언하노니 나는 날마다 죽노라"(고린도전서 15:31).

바울과 제자들의 회심 그리고 그들의 달라진 꿈

엘리트 중의 엘리트였던 율법 교사 바울은 예수님을 영적 사기꾼이라 믿었다. 그래서 자신의 신념대로 열정을 다해 그리스도인들을 잡아 죽이는 일에 앞장섰다. 그런 바울이 예수 믿는 사람들을 핍박하러 가던 도중 부활하신 예수님을 만났고, 그분이 바로 그들이 수천 년을 기다려온 그리스도(메시아)라는 것을 알게 되었다. 바울은 그 자리에서 고꾸라졌고, 그때부터 완전히 다른 꿈을 꾸게 된다. 바로 예수님이 그리스도요 하나님의 아들이심을 온 세계에 전하는 꿈이었다. 바울은 그 꿈을 위해 자신의 생명까지도 기꺼이 내던졌다.

부활하신 예수님을 다시 만난 후 죽음까지도 불사하며 꿈을 위해 내달린 모습은 예수님의 열두 제자에게서도 똑같이 나타난다. 그들은 원래 어떤 사람들인가? 예수님과 3년 동안 동고동락했지만 정작 예수님이 십자가에 못 박혀 죽으실 때는 모두 도망쳐버렸다. 그들은 예수님이 행하시는 기적을 보며 예수님이야말로 로마로부터 이스라엘의 정치적 독립을 이끌어낼 강력한 정치적 메시아라고 생각했다. 그래서 예수님이 장차 큰일을 행하실 때 자신들도 큰 자가 되리라는 꿈에 부풀어 있었는데, 막상 예수님의 무력한 십자가 죽음에 직면하자 죽음에 대한 두려움을 이기지 못한 채 도망칠 수밖에 없었다.

그런 제자들 앞에 나타나신 부활하신 예수님은 혁명적인 메시지 그 자체였다. 예수님이 정치적 메시아로 오신 것이 아니라 죽음의 권세를 이기고 우리 영혼의 구원자로 오신 분이라는 것을 알리는 이 메시지로 인해 제자들의 삶은 송두리째 바뀌었다. 또한 이들은 예수님의 부활을 통해 우리 인생도 죽음이 끝이 아니라 예수님께서 다시 오시는 날 영원히 살게 되리라는 것을 알게 되었다.

그러자 더 이상 죽음을 겁낼 필요가 없었고, 주를 위해 날마다 죽는 삶을 선택할 수 있었다. 이때부터 전 세계의 역사는 다시 쓰이기 시작했다. 예수님의 제자들을 통해 죽었던 영혼이 다시 살아나는 생명의 역사가 전 세계에 펼쳐진 것이다.

꿈꾼다는 것은 바로 이와 같다. 그 꿈을 이루기 위해 날마다 죽을 수 있는 것, 죽을 만한 가치가 있는 것, 죽기를 각오할 때 누군가가 살아나는 생명의 역사가 펼쳐지는 것. 그것이 진짜 꿈이요 꿈꾸는 자의 진정한 자세다.

　　　　　　　　　　　　　　　　　　　　　바른 집사

하나님이 내게 주신 꿈이 있을 때 우리는 어떻게든 살고자 애쓸 것이 아니라 그 꿈을 위해 기꺼이 죽을 수 있어야 한다. 그러면 꿈을 위해 하얗게 밤을 지새우고, 꿈을 위해 때론 굶기도 하고, 또한 꿈을 위해 누군가의 핍박도 얼마든지 견딜 수 있다. 왜냐하면 죽은 자는 말이 없고, 이미 죽은 자는 결코 환난에 발끈하고 일어서는 일이 없기 때문이다.

우리가 그렇게 날마다 죽을 때 우리에게 주신 하나님의 꿈은 파릇파릇 살아날 것이다. 한 알의 밀알이 땅에 묻혀 죽어야만 싹이 나고 가지를 뻗어 열매를 맺듯 세상을 향한 욕심이나 욕망, 자기 자신에 대한 연민과 애착을 땅에 묻고 일할 때 그 꿈의 나무에는 열매가 맺히고 꽃이 활짝 피어날 것이다.

11

올바른 꿈을 향하여

나는 법무법인 기독교세진회 활동을
하는 동안 하나님의 뜻대로 꿈의 방향을 전환하는 놀라운 일을 해내는
분을 뵌 적이 있다. 기독교세진회의 사역은 크게 두 가지로 나뉜다. 하
나는 감옥에 갇힌 이들에게 사식도 넣어주고 위로도 하며 그들의 눈물을
닦아주는 일이고, 다른 하나는 그들에게 예수님의 복음을 전해 새로운
인생을 살도록 이끄는 일이다.

이 사역의 부산지회 이사장으로 섬기던 나는 찬양도 잘하고 영어도 수
준급으로 구사하는 재능 많은 목회자 한 분을 알게 되었다. 알고 보니 이
분은 목회를 하면서 영어 설교를 자유롭게 구사하고 싶다는 꿈을 이루기
위해 늦은 나이에 영문학 석사 과정까지 마치신 분이었다. 그런데 문제
는 공부를 열심히 하느라 목회 현장을 돌아볼 여력이 없어 교인들이 모
두 떠나버렸다는 것이다.

목사님은 이런 현실에 상처를 입고 큰 절망에 빠지게 되었다. 목회를

더 잘해보려고 애써 공부했는데 교인들이 없으니 그 상실감을 해결할 방도가 없었다. 실망감이 깊어지면서 가정에도 위기가 찾아왔고, 목사님은 방향 감각을 잃은 사람처럼 때늦은 방황을 했다.

나는 바로 그 시점에 목사님을 만났다. 그리고 그분의 속사정을 모른 채 그저 내게 주시는 하나님의 감동에 따라 기독교세진회 사역을 적극 권유했다. 갇힌 자들에게 복음을 전하는 일이야말로 사역의 핵심인데, 이 일을 위해 하나님께서 목사님을 여기까지 인도하신 게 아니겠냐고.

목회의 절망에서 재소자 사역으로

그런데 그때부터 이 목사님이 재소자들에게 복음 전하는 사역을 하나님의 소명으로 받고 행동하기 시작했다. 수백 명의 재소자를 모아놓고 복음을 전할 때마다 피를 토하는 심정으로 뜨겁게 말씀을 전했다. 비록 공부를 열심히 해서 크게 목회를 하겠다는 목사님의 예전 꿈은 보류되었지만, 갇힌 자들에게 하나님의 말씀을 전해서 재소자들의 영혼을 변화시키려는 하나님의 꿈은 놀랍게 성취되어갔다. 그와 동시에 목사님의 가정과 목회 현장도 점점 회복되는 놀라운 일이 연이어 벌어졌다.

어느 날은 나와 만난 자리에서 이런 고백까지 하셨다.

"목사님, 하나님께서 적절한 타이밍에 교도소 사역을 하도록 저를 인도하셨습니다. 교도소 사역에 대한 꿈을 품기 전에는 정말 많이 힘들었는데, 목사님의 도움으로 이 길에 들어서고 보니 저를 향하신 하나님의 뜻이 따로 있더군요. 그것을 뒤늦게 깨닫고 나니 어느덧 제 우울증 증세도 다 사라져버렸습니다. 정말 하나님께 감사할 뿐입니다."

그 고백을 들으니 삶의 조각들을 가장 귀하게 꿰어서 아름다운 작품으로 완성하시는 하나님의 감각에 새삼 감탄이 절로 나왔다. 우리는 대부분 꿈이 좌절되면 다시 일어서지 못하거나 어딘가로 도망칠 궁리를 하지만, 하나님은 그럴 때 이렇게 말씀하신다.

"이제 더 이상 피하지 말고, 도망가려고도 하지 말고 내가 주는 꿈을 붙잡고 다시 일어서라. 그 꿈을 갖고 일어서면 내가 기꺼이 너를 돕겠다. 그 꿈이 너를 가장 찬란하게 피어나게 할 것이다."

하나님은 우리의 생명이요 길이시다. 따라서 하나님이 주시는 꿈을 붙잡으면 어떤 문제 앞에서도 낙망하거나 주저앉지 않으며, 문제를 거뜬히 차고 넘어서는 돌파력을 가지게 된다. 하나님의 꿈을 품고 순종으로 한 걸음을 떼는 이에게 하나님은 그런 돌파력과 실천력까지 선물로 주시는 분이다. 그리하여 하나님이 주신 꿈을 하나님의 자녀인 우리가 친히 이루게 하신다.

올바른 꿈을 찾아서

그런데 꿈이라고 다 똑같은 꿈이 아니다. 꿈은 때로 개인의 욕심이 들어간 야망일 수 있고, 현실을 전혀 고려하지 않은 망상일 수 있으며, 타인을 외면한 자신만의 욕망일 수 있다. 그렇다면 어떤 꿈이 진짜 꿈일까?

일도 그렇지만 꿈도 '예수님을 잘 믿게 하는' 꿈이 진짜 꿈이라고 나는 믿는다. 어떤 이는 멋진 꿈을 꾸고 우여곡절을 겪다가 마침내 꿈을 이룬다. 문제는 꿈을 이룬 다음이다. 꿈의 성취가 그를 교만하게 만들고 더 이상 하나님이 필요 없는 사람처럼 행동하게 한다. 결과적으로 그 꿈 때문에 그는 불행하게도 사람도 하나님도 잃고 만다.

반면 올바른 꿈이라면 그 꿈을 이루고 난 뒤 더 온전하고 겸손하게 하나님을 따르게 된다. 하나님은 그런 사람에게 더 많은 영향력을 주시고 더 많은 사람을 붙여주신다. 그 꿈이 그를 하나님을 더욱 잘 믿는 믿음으로 인도한 것이다.

요한복음 14~16장은 예수님의 말씀으로만 구성된 긴 장이다. 17장에는 예수님의 기도도 길게 등장한다. 가룟 유다의 배신으로 그날 밤 잡히시게 되는 예수님은 마지막으로 제자들을 붙들고 그동안 가르쳤던 것들을 되새기게 하시고, 자신이 죽더라도 결코 두려워하지 말라고 단단히 일러주셨다. 마치 이생에서의 마지막을 대하는 아버지(어머니)와 자녀의 모습처럼 예수님은 그렇게 단호하면서도 따뜻하게 많은 이야기를 들려주셨던 것이다.

예수님이 하신 많은 이야기의 핵심은 '사랑'이었다. 예수님은 아버지 하나님과 예수님이 하나이듯 예수님과 제자들도 하나라는 것, 아버지 하나님이 예수님을 사랑하듯 예수님도 제자들을 사랑하신다는 것을 말씀하신다. 또한 예수님이 아버지의 말씀을 지켜서 그 사랑 안에 거하듯 예수님을 사랑하는 자는 예수님의 계명을 지켜야 한다고 말씀하신다. 그 계명은 바로 "서로 사랑하라"이다.

서로 순위 싸움을 했던 제자들은 예수님이 돌아가시고 사흘 만에 부활하신 뒤 똘똘 뭉쳐 순교를 각오하며 초기 교회를 세워 나갔다. 물론 성령이 충만했기에 가능한 일이지만, 제자들의 가슴 깊숙한 곳에는 "서로 사랑하라"는 예수님의 마지막 당부가 자리하고 있지 않았을까? 그 사랑 때문에 베드로는 십자가에 거꾸로 못 박히고, 다른 제자들도 온갖 형태의 순교를 기꺼이 감당할 수 있었던 게 아닐까?

교회 생활을 오래하다 보면 우리도 모르는 사이에 '사랑'을 잃어버릴 때가 있다. 예배에 빠짐없이 참석하고, 십일조와 감사헌금을 꼬박꼬박 드리고, 누구보다 열심히 교회를 위해 봉사하지만 그 가슴 깊은 곳에 '하나님의 사랑'이 없을 수도 있다. 왜 그럴까? 어떻게 그런 일이 가능할까? 간단하다. 사랑 없이도 우리는 얼마든지 교회 생활을 잘할 수 있기 때문이다.

중요한 점은 교회 생활이 곧 하나님 사랑은 아니라는 것이다. 하나님을 사랑해서 교회와 사람들을 섬겨야 하는데 거꾸로 생각하는 것이다. 그러면 거기에는 무거운 의무와 차가운 형식만 있을 뿐이다.

예수님이 마지막까지 신신당부하신 하나님의 사랑을 다시 찾아야 한다. 언제부터 그 사랑을 잃어버렸는지 자신을 잘 돌아보아야 한다. 그래서 하나님의 사랑을 되찾고 다시 붙들어야만 한다. 그럴 때 비로소 잃었던 꿈을 다시 발견할 수 있고, 누구보다 멋지고 아름답게 교회를 섬길 수 있다.

진짜 꿈, 올바른 꿈은 이럴 때 찾게 된다.

12

꿈은 계속된다

　　　　　　　　　　나는 어릴 적부터 많은 꿈을 꾸며 살
았다. 돈을 많이 벌고 싶은 꿈부터 시작해서 가정에 대한 꿈, 인간관계에
대한 꿈에 이르기까지 언제나 꿈이 이어졌다. 꿈쟁이로 살았던 내게 하
나님은 그때그때 응답하셔서 많은 꿈을 이루도록 인도해주셨다. 그리고
지금의 나는 또 다른 꿈을 꾸며 인생 후반기를 불태우고 있다.

　어떤 면에서 '꿈은 흐르는 게 아닌가?' 하는 생각이 든다. 도랑물이 흘
러 개울물이 되고, 개울물이 흘러 시냇물이 되며, 시냇물이 흘러 강물과
바닷물이 되듯 우리의 꿈도 흐르고 흘러 점점 더 크게 변해가는 것이 아
닌가 싶다.

　그래서 나는 기업을 손에서 내려놓고 늘그막에 새로 시작된 지금의 꿈
이 젊은 시절에 가졌던 화려한 꿈들보다 결코 작지 않다고 생각한다. 때
를 따라 인생을 아름답게 하시는 하나님이 영원한 나라에 들어가기 전까
지 내가 이루어야 할 가장 아름답고도 큰 꿈을 허락하셨다고 믿는다.

　　　　　　　　　　　　　　　　　　　　　　　　　　바른 집사

가나안농군학교의 꿈

그 꿈 가운데 하나가 가나안농군학교에 대한 꿈이다. 나는 세계 여러 나라에 세워지는 가나안농군학교를 통해 수많은 사람이 실제적인 삶의 변화를 얻을 뿐 아니라 예수님을 알고 믿게 되는 것을 보았다. 그래서 나의 마지막 열정을 불태워야 할 곳 가운데 하나가 가나안농군학교라는 것을 믿어 의심치 않았다. 그러던 중 농군학교 리더들을 섬기고 도우려면 목사 안수를 받아야 한다는 필요성에 직면했고, 12년 전 하나님의 강권적인 인도하심에 따라 목사 안수를 받고 목회자로서 가나안농군학교를 섬기게 되었다.

어떤 이들은 "가나안농군학교가 어떤 곳이길래 늦은 나이에 목사 안수까지 받아가며 그 사역에 힘을 쏟느냐?"고 의아해한다. 나는 그런 분들에게 다른 설명은 다 제쳐두고 기독교인을 박해하고 추방하는 이슬람권에서조차 환영받으며 가나안농군학교를 세우고 있다고 말씀드린다.

전 세계 사람들은 대한민국 경제발전의 초석이 된 새마을운동의 정신이 가나안농군학교에서 비롯되었다는 것을 이미 알고 있다. 실제로 조국의 경제발전을 희망하는 나라와 조인식을 거행한 뒤 가나안농군학교를 세워 교육을 실시하면, 그 나라 고위직 간부들의 국가관과 사회관, 가정관이 먼저 변화하는 것을 자주 본다. 농군학교에 들어와 교육을 받은 뒤 새벽에 일어나 직장과 동네를 빗자루로 쓰는 등 변화된 모습을 보이는 것이다.

그러면 주변 사람들은 이렇게 말하며 예수님에 대한 관심을 드러낸다.

"가나안농군학교에서 일하는 분이 믿는 예수라는 신이 저 사람들을 변화시켰다."

이런 일을 목격하면서 역시 사람의 내면을 변화시키는 것만큼 가치 있는 일은 없다는 것을 깨달았다. 그리고 이 일을 위해 나의 인생 후반부를 올인 하기로 결단했다. 그래서 우리 가족은 가진 것을 모두 털어 영남 밀양에 가나안농군학교를 세울 때도 부담이나 걱정보다는 기쁨과 설렘으로 가득했다. 이 땅을 향하신 하나님의 꿈을 이뤄가는 일에 우리를 한 사람의 일꾼으로 불러주셨다는 사실에 감사와 영광을 돌리며 올인 했던 것이다.

그런 마음으로 가나안농군학교(영남)를 아예 재단법인화한 뒤 나와 아내, 자녀들 모두는 한 사람의 겸손한 일꾼으로 섬길 수 있기를 소망하고 있다. 이곳에서 복민운동으로 정신과 생활의 빈곤을 깨우고 마음을 개척함으로써 황무지가 옥토가 되듯 많은 사람을 쓸모 있는 사람, 가치 있는 사람으로 키우기를 바란다. 그리고 우리의 희생을 보고 복음이 전해지기를, 그 복음을 듣고 예수님을 만난 그들이 믿음으로 말미암아 꿈을 위해 일하는 이들로 변화되기를 꿈꾼다.

죽어도 좋을 만큼의 꿈

목사 안수를 받을 때만 해도 내 마음속에는 가나안농군학교 외에 다른 목회 계획이 전혀 없었다. 부족한 내가 조금이라도 한국 교회를 섬길 부분이 있다면 그것은 평신도와 목회자들을 연결하는 가교 역할일 것이라고만 생각했다. 평생 평신도로 살다시피 했고, 그러면서도 목회자를 섬기고 돕는 사역에 열심을 낸 편이었으므로 목회자와 평신도들의 마음을 서로에게 전달하면서 교회를 개혁하는 역할이 내게 주어진 또 하나의 사명일지 모른다고 여겼다.

그래서 나는 이 일을 어떻게 준비해서 펼쳐갈지를 아내와 함께 고민했다. 그러던 중 뜻밖에도 아내에게서 교회 개척에 대한 이야기가 흘러나왔다. 우리 생애에 하려는 일이 결국은 사람의 영혼을 변화시키는 일인데, 이를 위해서는 교회를 세워 성경을 가르쳐야 한다는 것이 아내의 일관된 주장이었다.

그 말을 듣고 처음에는 펄쩍 뛰었다.

"당신 생각해봐. 영혼이란 모름지기 최소한 10년은 품고 돌보며 기도해야 하는 법인데, 은퇴할 때가 다 되어가는 우리가 어떻게 교회를 개척해서 영혼을 돌본단 말이야?"

하지만 내가 뭐라고 반대를 해도 아내는 자신의 의견을 굽히지 않았다. 이 역시 기도 중에 얻은 확신 때문이었는지도 모른다. 또한 아내가 믿고 따르던 은사 목사님도 강력하게 권유하셨다. 아내는 더 열심히 나를 설득했다.

"당신은 어차피 기업가로서도 위임 경영의 모델이 되었잖아요. 우리가 사역하다가 하나님이 내려놓으라 하실 때 내려놓으면 하나님이 책임지시고 누군가를 세워 교회를 이끄시겠지요. 중요한 건 그때까지 우리가 하나님 뜻에 순종하는 거 아니겠어요? 교회를 개척해서 단 1년이라도 목회자로서 하나님의 말씀을 전하며 살다가 가는 게 우리가 마지막에 꿔야 할 꿈이라고 믿어요."

마침내 내 생각도 움직이기 시작했다. 그간의 모든 꿈이 내가 직접 꿨던 꿈이라면 특이하게도 가나안농군학교와 교회 개척의 꿈은 아내의 말이나 행동에서 비롯되고 결정되었다. 하나님은 때로 누군가의 말을 씨앗으로 삼아서 꿈을 품게 하신다는 것을 다시 한번 확인할 수 있었다.

놀라운 것은 그렇게 마음을 정하고 나니 그때부터는 개척해야 할 교회에 대한 그림이 날마다 구체적으로 그려졌다는 점이다. 그 그림을 바탕으로 우리는 경남 양산에서 가나안선교문화원, 가나안에스라성서원이라는 이름으로 사역을 시작했다. "소박하고 작게 시작하라"는 성령의 감동에 따라 80평 면적의 패널 건물을 지었다. 우리는 그곳에서 본격적인 교회 사역을 준비하며 1년 정도는 소규모 성경공부 모임만 좀 더 세밀하고 정교하게 하기로 했다.

그러자 마치 기다렸다는 듯 성경을 통전적으로 가르칠 수 있는 친구 목사와 여전도사님 두 분이 외부에서 오셔서 기꺼이 이 사역에 헌신해주셨다. 이력만 들어도 '어떻게 이런 분들이 오셔서 사역자로 헌신하실까?' 하고 놀랄 만큼 영성과 실력을 갖춘 분들이었다. 역시 하나님은 당신이 뜻하신 일이라면 직접 이루어가신다는 것을 실감 또 실감했다.

　　　　　　　　　　　　　　　　　　　　　바른 집사

무엇보다 나는 성경을 가르치는 사역을 하면서 "내가 진짜 꿈을 품고 살고 있구나" 하는 확신이 들어 정말 기뻤다. "진짜 꿈이란 그 꿈을 위해 살다가 죽어도 좋을 만큼의 꿈이다"라는 말의 의미도 마음속 깊이 이해되었다. 내가 이 땅을 떠나 하나님 앞에 갔을 때 "너는 뭐 하다가 왔느냐?"고 물어보시면 "하나님, 저는 하나님이 이런 꿈을 주셔서 그 꿈을 좇아서 살다 왔어요"라고 기꺼이 대답할 수 있는 그런 꿈이 바로 '죽어도 좋을 만큼의 꿈'이었다.

지금은 아내도 신학을 공부해서 목사가 되어 양산에 있는 가나안에스라성서원을 하며 양산샤론교회에서 사역하고 있다. 나의 목회 방침 중 하나는 교회 성도들이 세상으로 나가 세상을 변화시키는 주체가 되어 세상에서 천국을 이루는 사람으로 살게 하는 것이다. 내가 평신도로 내려와서 함께 봉사도 하고, 같이 의논도 하고, 한마음으로 소통하며 각자 스스로 역할을 맡아 해내는 교회로 행복해하는 것을 보면 저절로 감사가 터져 나온다. "하나님, 감사합니다!"

인생의 후반기에 들어선 나는 작은 개척 교회를 섬기는 한편, 가나안농군학교(영남) 교장으로서 바른 인성을 가르치며 살고 있다. 그리고 세계가나안농군운동본부의 총재로서 정신의 빈곤과 생활의 빈곤을 깨우며 해외 가나안농군학교를 15개에서 30개로 늘리는 일, 사람들을 키우는 일을 꿈꾸며 살고 있다. 그래서일까. 지금도 내 가슴은 청년 못지않은 열정으로 늘 벅차오른다.